Jodock
Touren ins Grüne

Jodock

Touren ins Grüne

Berlins Umland:
Ausflugsziele, Lokale und Freizeitangebote

Jaron

Originalausgabe
1. Auflage 2002
© 2002 Jaron Verlag GmbH, Berlin
Mitarbeit: Erika E. Gleisberg
Umschlaggestaltung: LVD GmbH, Berlin, unter Verwendung
eines Fotos von Günter Schneider (Biergarten Zenner)
Satz: LVD GmbH, Berlin
Druck und Bindung: Clausen & Bosse, Leck
ISBN 3-89773-109-6

Inhalt

Westlich Berlins durchs Havelland

Die grünen Stadtränder von Berlin und Potsdam

Auf Entdeckungstour rund um Berlin

Touren ins Grüne? Kein Problem im Berliner Umland! Bei so vielen grünen Angeboten stellt sich eher die Frage, wohin man sich wenden soll. Für besonders reizvolle Ausflüge finden Sie in diesem Buch zahlreiche Vorschläge und Anregungen. Sie sind eingeladen, das Umland und die grünen Ränder von Berlin und Potsdam für sich zu entdecken.

Bemerkenswert ist die Vielfalt der Möglichkeiten, die sich beim Erkunden aller dargestellten Regionen bietet. Vorgestellt werden Seen und Wälder, Schlösser und Kirchen, Museen und Gedenkstätten, Schiffs-, Rad- und Wanderrouten sowie Badestrände und – da dies alles hungrig macht – insbesondere zahlreiche Restaurants und Biergärten. Darüber hinaus erfahren Sie mehr über die Menschen, die die Mark Brandenburg geprägt haben: Geschichte und Geschichten gehören dazu.

Entdecken Sie Neues oder beleuchten Sie Bekanntes einmal anders. Rund um Berlin hat man dazu reichlich Gelegenheit. Und dafür braucht man gar nicht lange fahren, denn dieser Umlandführer konzentriert sich auf das direkt an das bebaute Stadtgebiet anschließende Grün. Sie erreichen alle Ziele in längstens einer Autostunde ab Berlin. Ein Ausflug nach Rheinsberg oder in den Fläming, in den Spreewald oder das Oderbruch hat auch seinen Reiz – doch vielleicht sind Sie mit uns der Meinung: Warum in die Ferne schweifen, liegt das Gute doch so nah!

Die Touren sind geographisch geordnet: Wir beginnen mit der Darstellung der Ausflugsgebiete im Norden bei Oranienburg, spannen einen Bogen über Strausberg im Osten, das Dahmeland und Zossen im Süden, das Havelland im Westen und schließen den Kreis im Nordosten bei Velten. Von dort folgen wir innerhalb der Großstadtgrenzen von Berlin und Potsdam einem zweiten Rundkurs: nach dem Tegeler See kommen der Müggelsee im Südosten und Potsdam selbst, am Ende stehen Wannsee und Grunewald.

Ausgangspunkt der Touren ist immer Berlin, diese ungewöhnliche Millionenstadt. Es hat Seltenheitswert, dass die größte Stadt eines Landes inmitten eines der am dünnsten besiedelten Gebiete liegt. Darüber hinaus haben die traurigen Epochen des Zweiten Weltkrieges und der nachfolgenden Teilung Deutschlands dazu geführt, dass die Einwohnerzahl Berlins nicht wie die der ursprünglich gleich großen Städte Paris und London auf über zehn Millionen wuchs und sich die Stadt daher auch nicht so weit in die Landschaft hineingefressen hat. Das für die heutigen dreieinhalb Millionen Berliner und Berlinerinnen erfreuliche Ergebnis ist, dass die Stadt so eng mit dem – sogar weit ins Stadtgebiet hineinreichenden – Grün des Umlandes verwoben ist wie kaum eine europäische Hauptstadt. Wiewohl auch Berlin seit zehn Jahren an seinem Rande manchen Wildwuchs und manche Einkaufsblechschachtel wachsen sah, so durchziehen träge Flüsse doch immer noch breite Waldbänder. Zusammen bilden sie eine – der Entspannung sehr förderliche – grün-blaue Komposition. Diese wurde vom Menschen ergänzt, verziert und verändert. Kleine Städte, Dörfer, Schlösser sowie ehrwürdige bis hochmoderne Gasthöfe gehören ebenso dazu wie entsumpfte Niederungen, abgeholzte und begehbar aufgeforstete Wälder. Im Urstromtal der Spree, fortgesetzt durch die Havel, ist es jedoch immer noch feucht, während auf den trockenen Hochflächen des Teltow und des Barnim Kiefern im Sand wachsen. Es ist eine dichte Vielfalt aus Kultur und Natur entstanden, die wir Ihnen hier vorstellen möchten.

Bei Touren ins Grüne empfiehlt sich die Mitnahme einiger Hilfsmittel, vor allem von Karten. Dazu erfahren Sie mehr im Kapitel »Praktische Hinweise«. Es bleibt, Ihnen nicht nur viel Spaß bei der Lektüre dieses Buches zu wünschen, sondern auch viel Sonnenschein bei der Anwendung desselben!

Nördlich Berlins über den Barnim

1 An der Oberhavel und im Briesetal

Die Ortschaften der Route

Germendorf, Oranienburg, Borgsdorf, Birkenwerder, Hohen Neuendorf

Das Ausflugsgebiet

Zwei Gewässer prägen die Landschaft zwischen Oranienburg und Berlin: die Havel und die Briese, ein kurvenreicher Bach, dessen sumpfiges Tal von Wäldern gesäumt wird. Das Briesetal ist ein Naturschutzgebiet. Die Briese mündet in die Havel, deren gewundener Lauf unterhalb Oranienburgs in den Oder-Havel-Kanal verwandelt wurde. Oranienburg bietet mit Schloss, Altstadtbereich und Gedenkstätten Geschichtliches; Hohen Neuendorf und Birkenwerder sind klassische Berliner Ausflugs-Vororte mit viel Grün.

Germendorf

Fährt man über Schwante (über die A10 zu erreichen) nach Germendorf, liegt der Schwanter Ortsteil **Sommerswalde** am Weg. Hier ließ sich Richard Sommer vor 110 Jahren ein Gutshaus bauen, das als »kleiner Reichstag« bekannt wurde. Die Kuppel wurde zwar in den 1920er Jahren abgetragen, doch das heute als buddhistisches Zentrum genutzte Haus lässt die Grundstruktur des Vorbildes noch erahnen.

In Germendorf taucht an der Bundesstraße – fast wie eine Erscheinung – ein ganzes Freizeitparadies auf. Zunächst liegt hier das **Strandhotel**, von dessen Terrasse man einen weiten Blick über die

Germendorfer Waldseen hat. Die Kiesgruben entstanden ursprünglich für den Bau der Autobahn von Berlin nach Rostock, haben sich jedoch in den letzten Jahren zu einem idyllischen Stück Natur gewandelt.

Unterhalb des 1999 eröffneten Restaurants Strandhotel liegen zwei **Badestrände**. Ein Rundlingsdorf aus noch etwas steril wirkenden neuen Wohnbauten ist durch Fußgängerbrücken mit einem **Sport- und Spielplatz** der besonderen Art verbunden. Man kann unter anderem Squash und Tennis spielen, ein Tiergehege besuchen, gegebenenfalls rodeln oder durch die Wälder der Umgebung wandern. Wer sich so gar nicht selbst bewegen will, erzeugt Bewegung mit Hilfe des Automaten am Parkplatz rechts des Hotels: Nach Münzeinwurf sprudelt eine Wasserfontäne im See.

Gastronomie

Strandhotel Germendorf
Restaurant und Hotel
Kremmener Straße 24 b
16767 Germendorf
Tel. 033 01 / 58 65-0
Fax: 033 01 / 58 65-306

Oranienburg

Südlich der Bundesstraße 273 – von Germendorf aus noch vor dem Oranienburger Ortseingang – liegt der Ortsteil **Eden**. Die **Obstbaukolonie** wurde auf sandigen 120 Hektaren im Mai 1893 von Berliner Vegetariern gegründet. Nachdem man auf großzügigen Grundstücken mit viel Mühe und nicht zuletzt mit Hilfe Berliner Pferdeäpfel den Boden fruchtbarer gemacht und Eigenheime gebaut hatte, kümmerten sich die genossenschaftlich organisierten Kolonisten um ihr Programm, das schon dem Namen zu entnehmen ist. Den paradiesischen Zuständen im Garten Eden wollte man sich wenigstens nähern, keine Tiere töten, sich von selbst Angebautem ernähren, Nikotin und andere Suchtmittel meiden – kurz: bewusst und in Einklang mit sich selbst, der Natur und den anderen leben. Fruchtsäfte und Marmeladen, Reformbrot und Reformmargarine wurden entwickelt, teilweise auch selbst produziert. Der Sitz der Genossenschaft, die heute rund 500 Grundstücke mit etwa 1500 Bewohnern betreut, liegt am Struveweg, an der Alten Mosterei. Hier erhält man Informationen über ein Projekt, dessen gesellschaftliche Blütezeit in den 1920er Jahren lag und dessen Belebung im ursprünglichen Sinne manche erwarten, sind doch die zugrunde liegenden Fragen nach 120 Jahren aktueller denn je.

Als 1993 in Brandenburg die neuen Großkreise gebildet wurden, entschied man sich, sieben Kreisen zumindest ein schmales (Torten-) Stück des steuerträchtigen »Speckgürtels« um Berlin zu geben. Zudem sollte jeweils eine Alt-Kreisstadt Verwaltungssitz werden, die möglichst weit von der Bundeshauptstadt entfernt liegt, um die Arbeitsplätze der Verwaltung in den strukturschwachen Randregionen Brandenburgs anzusiedeln. Oranienburg als Kreisstadt des Kreises Oberhavel bildet hierbei die Ausnahme. Diese Wohltat kann eine Stadt vertragen, die im Krieg besonders litt. Weil die Nationalsozialisten in Oranienburg Rüstungsindustrie betrieben und sich hier die Verwaltungszentrale aller deutschen Konzentrationslager befand, gehört Oranienburg zu den zehn deutschen Städten, die am heftigsten bombardiert wurden. Zwei Drittel der Stadt wurden im Zweiten Weltkrieg zerstört.

Die heute etwa 30 000 Einwohner leben in einem Ort, der ohne die Gemahlin des Großen Kurfürsten, die holländische Oranier-Prinzessin Louise Henriette, nur das unbedeutende Dorf Bötzow geblieben wäre. Sie war es, die sich das Amt schenken ließ, weil das grüne, feuchte Havelland sie an ihre holländische Heimat erinnerte. Doch lassen wir das **Schloss Oranienburg** sprechen: »Dieses von Louise, der Prinzessin von Oranien, der besten Mutter, erbaute und durch den Namen ihres Geschlechts ausgezeichnete Schloss hat Kurfürst Friedrich III. zum Gedächtnis der sehr frommen Mutter erweitert, geschmückt und vermehrt.« Die so übersetzte lateinische Inschrift am Mittelbau stammt also aus der Zeit nach dem Tode von Louise Henriette, als ihr Schloss unter dem späteren ersten preußischen König ausgebaut wurde.

Das Schloss liegt an der Stelle einer askanischen Wasserburg, die auf einer Schwemmsandinsel entstand; sie diente dem sicheren Übergang über die Havel zwischen den Hochflächen Glien und Barnim. Das Schloss wurde nach 1651 von Johann Gregor Memhardt, zuvor Baumeister in den Niederlanden, für die Fürstin neu gebaut. Nach dem Willen des am Oranierhof ausgebildeten Kurfürsten Friedrich Wilhelm sollten Holländer die im Dreißigjährigen Krieg entvölkerte Mark aufbauen; und so holte auch Louise Henriette ihre Landsleute nach Brandenburg. Fontane äußert sich dazu in seinen »Wanderungen«: »(...) mit den gartenkundigen Franzosen (...) kamen ziemlich zeitgleich die agrikulturkundigen Holländer ins Land. Unter dem, was sie pflegten, war auch der Obstbau. Sie waren von den Tagen Luise Henriettens (...) an die eigentlichen Lehrmeister für die Mark, speziell für das Havelland.«

Und in der Tat richtete die tatkräftige Kurfürstin, unterstützt von holländischen Kolonisten, landwirtschaftliche Musterbetriebe ein. Auch aus der Ferne nahm sie lebhaften Anteil an der hiesigen Arbeit und äußerte sich detailliert per Brief, zum Beispiel 1663: »Ich bin sehr ungehalten, dass die Kühe in einem so schlechten Zustand sind. Ich kann die Ursache nicht recht einsehen; denn im Tiergarten zu Berlin haben sie dasselbe Futter und sind sehr schön. Was den Karpfenteich betrifft, so bin ich ganz davon eingenommen, und ich glaube, dass man rings herum Bäume pflanzen lassen könnte.«

Zurück zum Schloss und seiner wechselhaften Geschichte. Zeitweise diente es sogar als Schwefelsäurefabrik; hier entdeckte Friedlieb Ferdinand Runge 1833 das Anilin und die Karbolsäure. Ein Brand zerstörte neun Jahre später den Südostflügel, der anschließend abgebrochen wurde. Das Schloss diente als Lehrerseminar und zur NS-Zeit als SS-Kaserne und Polizeischule, erweitert durch die nördlichen Ergänzungsbauten. Bis 1990 war es unter anderem Kaserne der Grenztruppen der DDR.

Seit 1997 ist die Stadt Oranienburg Eigentümerin; bis 1999 wurde das Haus unter Rückgewinnung historischer Raumstrukturen saniert. Den Nordostflügel nutzt die Stadtverwaltung, Mittelbau und Nordwestflügel das **Schlossmuseum** der Stiftung Preußische Schlösser und Gärten. Im Mittelpunkt der Ausstellung stehen die künstlerischen Beziehungen der brandenburgischen Hofkultur zu den Niederlanden vor und um 1700.

Ebenfalls mit Hofkultur und dynastischer Geschichte beschäftigt sich im Südflügel mit einer Abteilung das **Kreismuseum**. Es zeigt wenige Schritte entfernt im frühbarocken Amtshauptmannshaus auch

Wechsel- und regionalgeschichtliche Dauerausstellungen, unter anderem zur Märkischen Binnenschifffahrt.

Am zweihundertjährigen **ehemaligen Hofgärtnerhaus** neben dem Park, Schlossplatz 5, erinnert eine Tafel an eine bedeutende jüdische Familie Oranienburgs, die hier ehemals ansässigen Blumenthals. In diesem Haus wuchs auch der heutige Oranienburger Ehrenbürger Michael Blumenthal auf, dessen Familie ihr Land 1933 verlassen musste. Blumenthal war unter anderem Finanzminister der USA unter Präsident Carter und leitet heute das Jüdische Museum in Berlin.

Die Nikolaikirche, die nach Plänen August Stülers bis 1866 neu entstand, wurde 1951 wieder aufgebaut und markiert den früheren **Altstadtkern**. Unweit der Kirche, zwischen Julius-Leber- und Dr.-Kurt-Schumacher-Straße, liegt der Rosengarten. Die schöne Anlage der Vorkriegszeit lag nach 1945 brach und gewinnt durch Anpflanzungen und neue Wege seit 1997 allmählich wieder ihren früheren Erholungswert zurück. Hier können sich Oranienburg-Besucher stärken; das 1990 neu gebaute **Restaurant am Rosengarten** bietet auch Außenplätze und ist am spitzen roten Dach leicht zu erkennen.

Dass die alte Stadt auf der Westseite der Havel lag, zeigt ein Gebäude nichtstädtischer Funktion östlich des Flusses: das ehemalige Königliche Forsthaus von 1772 an der Sachsenhausener, Ecke Bernauer Straße, unweit der Touristeninformation.

Zur Geschichte der Stadt – und unseres Landes – gehört auch das erste deutsche Konzentrationslager der Nationalsozialisten, das von 1933 bis 1934 auf einem früheren Brauereigelände in der Berliner Straße 45a bestand. Es lag schräg gegenüber der heutigen Erich-Mühsam-Straße. Mühsam wurde hier umgebracht. Das Areal nutzt heute teilweise die Polizei.

Viele Häftlinge starben bei der Sklavenarbeit auf dem Gelände des damaligen Klinkerwerks an der Lehnitzschleuse, das Ziegel für die NS-Bauten herstellen musste. Das Gelände befindet sich an der Straße Lehnitzschleuse, die am Ortsausgang Richtung Schmachtenhagen abgeht. Unweit des Hafenbeckens steht unter anderem noch die verfallene frühere Brotfabrik der SS.

Die **Gedenkstätte Sachsenhausen** liegt am Ende der Straße der Nationen, etwa zwanzig Gehminuten vom Bahnhof entfernt. In dem nationalsozialistischen Konzentrationslager wurden zwischen 1936 und 1945 über 200 000 Menschen inhaftiert, und etwa die Hälfte von ihnen fand den Tod. Seit der Wende gedenkt man auch des Sowjetischen Speziallagers Nr. 7, in dem bis fünf Jahre nach Kriegsende 60 000 Menschen interniert wurden, von denen 13 000 die Haft nicht überlebten. Seit 1993 ist der Ort Teil der Stiftung Brandenburgische Gedenkstätten. Mit Ausstellungen, Filmvorführungen, Archiv und Bibliothek erinnert man an das schreckliche Geschehen. 1992 wurden bei einem feigen rechtsextremistischen Anschlag zwei Baracken der Anlage zerstört. Sachsenhausen war vor der NS-Zeit lediglich ein beschauliches brandenburgisches Dorf, das zum Weichbild Oranienburgs gehörte. Es liegt nördlich der Havel, wo sie unterhalb der Schleuse mit dem Oranienburger und Ruppiner Kanal eine Wasserlandschaft bildet.

Wer sich kulinarisch etwas verwöhnen möchte, sollte einen Abstecher zum **Hotel und Restaurant »Oranjehus«** machen, das wegen seiner Küche schon mehrfach ausgezeichnet wurde.

Wasser zum Baden und Befahren findet man am **Lehnitzsee**. Das **Eiscafé Dietrich** in der Neustadt gleich neben dem **Strandbad** verleiht auch Boote. Die Terrasse in Südlage bietet jenen, die sich nur von innen befeuchten wollen, einen Rundum-Blick über den See, der vom Oder-Havel-Kanal durchquert wird.

Im ruhigen Wohnort **Lehnitz** auf der anderen Seeseite lebte nach dem Zweiten Weltkrieg auch der Arzt und Dramatiker Friedrich Wolf. Dem Vater des Filmregisseurs Konrad Wolf und des DDR-Spionage-Chefs Markus Wolf ist dort im Kiefernweg eine **Gedenkstätte** gewidmet.

Fremdenverkehrsverein Oranienburg e. V.
Bernauer Straße 52
16515 Oranienburg
Tel.   033 01 / 70 48-33
Fax: 033 01 / 70 48-34
E-Mail: info@tourismus-or.de
Internet: www.tourismus-or.de

Kultur

**Eden Gemeinnützige Obstbau-Siedlung e.G.
von 1893**
Struveweg 1
16515 Oranienburg
Tel. 033 01/52 32-6
Fax: 033 01/52 32-70
Ausstellung: So 14–17 Uhr
Büro: Di 9–12 Uhr u. 13–17 Uhr

**Schlossmuseum Oranienburg der Stiftung
Preußische Schlösser und Gärten**
Schlossplatz 1
16515 Oranienburg
Tel. 033 01/53 74-37
Fax: 033 01/53 74-39
Apr.–Okt.: Di–So 10–18 Uhr;
Nov.–März: Di–So 10–17 Uhr;
werktags nur mit Führung(alle 30 Minuten),
am Wochenende museal geöffnet

Schlossmuseum des Kreises Oberhavel
Schlossplatz 1
16515 Oranienburg
Tel. 033 01/53 74 37
Apr.–Okt.: Di–So 10–17 Uhr;
Nov.–März: Di–So 10–16 Uhr

Kreismuseum im Amtshauptmannshaus
Breite Straße 1
16515 Oranienburg
Tel. 033 01/38 63
Di–Fr 10–16 Uhr, Sa, So 13–16 Uhr

Kultur

Gedenkstätte und Museum Sachsenhausen

Straße der Nationen 22
16515 Oranienburg
Tel. 033 01/200-0; -200 (Anmeldung)
Fax: 033 01/200-201
E-Mail: GuMS@brandenburg.de
Museum: Apr.–Sept.: Di–So 8.30–18 Uhr;
Okt.–März: Di–So 8.30–16 Uhr
(letzter Einlass 30 Minuten vor Schluss)
Archiv und Bibliothek: Di–Fr 9–16.30 Uhr
Gelände: wie Museen, jedoch auch Mo

Friedrich-Wolf-Gedenkstätte

Kiefernweg 5
16565 Lehnitz
Tel./Fax: 033 01/52 44 80
Do 10–16 Uhr; Führungen nach Vereinbarung

Gastronomie

Restaurant
am Rosengarten

Dr.-Kurt-Schumacher-Straße 6
16515 Oranienburg
Tel. 033 01/53 08 00
Fax: 033 01/53 09 99

Gasthof Oranjehus

Hotel und Restaurant
Clara-Zetkin-Straße 31
16515 Oranienburg
Tel. 033 01/70 12 44

Eiscafé Dietrich

Café und Bootsverleih
Rüdesheimer Straße 21
16515 Oranienburg
Tel. 033 01/52 41 52
Jan. und Febr. geschlossen

Borgsdorf

Südlich von Oranienburg liegt direkt am S-Bahnhof Borgsdorf das gleichnamige **Landgasthaus**. Der großzügige Biergarten mit vierhundert Außenplätzen erlaubt schon deshalb großzügigen Bierkonsum, weil einen jenseits der Gleise die S-Bahn zügig Richtung Heimat bringt. Wer selbst den Weg über die Gleise nicht mehr schaffen sollte, kann auch im dazugehörigen Hotel übernachten. Das Haus ist gepflegt und bietet als Service unter anderem einen Radverleih. Hat man sein eigenes Rad dabei, wartet der hauseigene Radparkplatz.

Das Landgasthaus ist ein sehr gut gelegener Anfangs- oder Endpunkt für Wander- und Radtouren. Wenige Meter östlich ist der Ort zu Ende und der Wald, der einen bis zur Briese führt, beginnt. Hier nimmt auch der **Briesetalwanderweg** seinen Ausgang. Durch das Naturschutzgebiet führt er vorbei am Papenluch zur Kolonie Briese und weiter zu einem Naturlehrkabinett. Neben einer vielfältigen Pflanzenwelt bietet der Weg auch Fledermausquartiere und zahlreiche Vogelnistkästen.

Gastronomie

Landgasthaus Borgsdorf
Restaurant und Hotel, Radverleih
Friedensallee 2
16556 Borgsdorf
Tel. 033 03 / 50 01-91
Fax: 033 03 / 50 01-92

Birkenwerder und Hohen Neuendorf

Vom S-Bahnhof Borgsdorf führt eine Straße ostwärts durch den Wald zum Birkenwerderschen Ortsteil **Briese**. 18 Häuser bilden im Briesetal die Kolonie Briese. Dazu gehört die Revierförsterei. Hier wirbt ein auf Holz geschriebenes Gedicht von Theodor Storm dafür, ein Blatt aus dem Wald als Souvenir mitzunehmen. Eins! Denn sonst wäre der Wald bald kahl – je nach Jahres- und Tageszeit merkt man zuweilen deutlich, dass dies ein beliebtes Ausflugsziel ist. Allerdings verteilt sich jeglicher Menschenauflauf gründlich nach wenigen Metern Wald. Grundsätzlich wirkt die kleine Ansiedlung im tiefen Forst recht verwunschen.

Jenseits der plätschernden Briese bittet der **Briesekrug** seit 1880 zu Tisch. Wild wird hier – passend zur Umgebung – gern gereicht, auch auf der großen Terrasse. Am nahe gelegenen kleinen Briesesee gibt es eine **Bademöglichkeit**, und in der Waldschule Briesetal das auch von Borgsdorf über den Briesetalwanderweg zu erreichende **Naturlehrkabinett**.

Hat man noch Zeit und das Wetter ist schön, lohnt ein Abstecher von Briese zum **Summter See** (einfacher Weg sieben Kilometer). Der beschauliche, kreisrunde See verfügt am Ostufer über eine abgeschiedene Badestelle mit weitem Blick über den See.

Direkt bei Briese hingegen, südlich der Autobahn, liegt **Birkenwerder** und hier unmittelbar am Boddensee die **Gaststätte Boddensee**. Die engagierten Betreiber des Hauses sind zugleich die Pächter des Sees. Ihr Gewässer ist von der Terrasse aus zu genießen, auch an lauschigen Abenden, denn aufgrund der Lage des Hauses am Ostufer erreicht einen hier auch noch der letzte Sonnenstrahl. Im Boddensee sollen Menschen nicht unterwegs sein, so schützt man unter anderem ein Seerosenfeld.

Parallel zum Bahndamm gelangt man von hier zum **Ortszentrum** von Birkenwerder. Am Bahnhof stehen expressionistische Bauten aus den 1920er Jahren. Sie weisen darauf hin, dass Birkenwerder wie auch die Nachbargemeinden, begünstigt durch die Lage an der Nordbahn, schon seit hundert Jahren als Ausflugsorte gewachsen sind. Auch Clara Zetkin, Frauenrechtlerin sowie kommunistische und letzte Alterspräsidentin des Reichstages 1932, gefiel die hiesige grüne Ruhe. Sie kaufte 1922 in der Summter Straße östlich der Bahn eine Villa. Sofern die dort eingerichtete **Clara-Zetkin-Gedenkstätte** gerade geöffnet ist, kann man unter anderem noch einen original eingerichteten Arbeitsraum besichtigen. Am Ende eines engagierten und arbeitsreichen Lebens wurde Zetkin – herzkrank und fast erblindet – hier von zwei Genossinnen gepflegt.

Auf der anderen Seite des Bahnhofs geht es hinab zum 1912 eingeweihten Rathaus. Nicht weit finden sich am alten Dorfkern abermals Bauten der 1920er Jahre: Schule und Feuerwehrgebäude, die in Etappen 1926, 1929 und 1963 entstanden. Sie stehen in Kontrast zur 1847 von August Stüler entworfenen Kirche.

Zwischen Kirche und Rathaus führt der Briesetalwanderweg auf

Holzbohlen im Schilf strömungswärts. An der Havelstraße, Ecke Stolper Weg, strebt die Briese nach fünfzehn Kilometern Eigenständigkeit der Havel zu, während der Ausflügler südwärts über Buckelpisten parallel zum etwas entfernten Lauf der Havel, die hier als Kanal erscheint, die Grenze zu Hohen Neuendorf erreicht.

Hier, wo **Hohen Neuendorf** den Oder-Havel-Kanal berührt, im Ortsteil Niederheide, liegt die **Havelbaude**. Das Haus selbst gehört gerade noch zu Birkenwerder, während die hinführende Straße, die auch der Bus 822 vom S-Bahnhof Hohen Neuendorf benutzt, schon Teil dieser Nachbargemeinde ist. Die fast 200 Terrassenplätze sind zum 1912 kanalisierten Fluss hin orientiert, auch der Wintergarten hat Wasserblick. Die Schiffe von oder nach Oranienburg – so unter anderem die Ausflugsdampfer aus Berlin-Tegel – fahren hier vorbei. Auf dem Grundstück steht auch eine Freiluftbühne. Die Eigentümer des Bootsbetriebs nebenan gehören zur selben Familie wie die jungen und engagierten Gastwirte. Ihr Urgroßvater hat die Havelbaude schon vor 75 Jahren gebaut.

An der 1909 in Neubarockformen erbauten Kirche in Hohen Neuendorf führt rechts die B96 die Berliner Autofahrer heimwärts, geradeaus liegt der S-Bahnhof. Wanderer und Radfahrer können ab Havelbaude den Weg bis Tegel nehmen.

Kultur

Clara-Zetkin-Gedenkstätte
Summter Straße 4
16547 Birkenwerder
Tel. 033 03 / 40 27 09
Bibliothek: Mo, Do 8–17 Uhr,
Di 8–19 Uhr, Fr 8–18 Uhr
Gedenkstätte: nach Anmeldung

Gastronomie

Waldgaststätte
Briesekrug
Ortsteil Briese
16547 Birkenwerder
Tel.   033 03 / 40 32 82
Fax: 033 03 / 40 32 82

Gastronomie

Gasthaus Boddensee
Brieseallee 20
16547 Birkenwerder
Tel./Fax: 033 03/40 35 42
Internet: www.boddensee.de

Havelbaude
Restaurant, Bootsvermietung (Marina Havelbaude)
Goethestraße 41 b
16540 Hohen Neuendorf
Tel. 033 03/40 30 05; 50 02 39 (Werft)

Mit den Öffentlichen/dem Rad unterwegs

ÖPNV
- RE5, RB12, RB20, S1 bis Oranienburg
- Bus 800 ab Oranienburg (Breite Straße, am Schloss), bis Germendorf
- RB12 bis Oranienburg-Sachsenhausen
- S1 bis Lehnitz, Borgsdorf, Birkenwerder, Hohen Neuendorf
- RB20, S1, S8 bis Birkenwerder

Schiffsverbindungen
Oranienburg ist von Berlin-Tegel mit Linienfahrten per Schiff zu erreichen

Fahrradtouren
- Ab Berlin-Heiligensee östlich der Havel bis Hohen Neuendorf, durch das Briesetal und durch Birkenwerder zum Boddensee, über Bahn und Autobahn zur Straße nach Briese und weiter bis S-Bhf. Borgsdorf
- Ab S-Bhf. Hohen Neuendorf zu Havelbaude und Havel, rechts bis Briesetal, durch das Briesetal und Birkenwerder zum Boddensee, über Bahn und Autobahn zur Straße nach Briese, weiter brieseaufwärts bis Zühlsdorf und Bhf. Wandlitzsee
- Ab S-Bhf. Lehnitz um den Lehnitzsee, durch Oranienburg-Zentrum

über Eden nach Germendorf und über Leegebruch bis Bhf. Oranienburg

Wandern
– Durch das Briesetal ab Hohen Neuendorf bis Birkenwerder, vom
  S-Bhf. Birkenwerder zum Boddensee, über Bahn und Autobahn zur
  Straße nach Briese und weiter zum S-Bhf. Borgsdorf
– Durch die Wälder zwischen Schwante-Sommerswalde und Ger-
  mendorf

Baden
– Germendorfer Waldseen
– Strandbad Lehnitzsee, Rüdesheimer Straße
– Briesesee, Birkenwerder OT Kolonie Briese

2 Im Niederbarnim

Bernau, Lanke, Wandlitz, Schmachtenhagen, Wensickendorf, Basdorf, Schönwalde

Die dichten Wälder des Barnim laden zum Wandern über die Hügel rund um den Liepnitzsee ein. In Wandlitz trifft man auf Kurbad-Atmosphäre, in Bernau auf mittelalterliche Stadtgeschichte. Fünf Seen und zahlreiche einladende Gasthöfe liegen zwischen dem Panketal bei Bernau und dem Rahmersee.

Bernau

Nordöstlich Berlins begrenzt der waldige und trockene **Barnim** das Urstromtal der Spree. Seinen Namen hat er von einem früheren Besitzer, von Herzog Barnim I. von Pommern-Stettin. Südliche Ausläufer der Hochfläche Barnim im Berliner Stadtgebiet sind beispielsweise der Mühlenberg im Volkspark Friedrichshain und der Prenzlauer Berg.

Das Städtchen Bernau ist von Berlin aus gut über die Autobahn zu erreichen und verfügt außerdem bereits seit 1843 über einen Bahnanschluss. Die S-Bahn ist in Bernau sogar aus der Taufe gehoben worden, denn der erste reguläre mit einer Stromschiene betriebene Zug Deutschlands verkehrte hier am 8. August 1924. Durch die gute Verkehrsanbindung wuchs die Einwohnerzahl auf heute über 25 000. Seit 1989 sind 6 000 Neu-Bernauer zugezogen. Neue Wohnparks sind entstanden; der Investor eines solchen finanzierte den 1997 eröffneten S-Bahnhof Bernau-Friedenstal.

Beim Bahnhof Bernau trifft man direkt auf die Zeugnisse der Stadtgeschichte. Eines der drei Tore der Stadt ist erhalten und heute

Wahrzeichen Bernaus. Vom Bahnhof nur eine Straßenkreuzung entfernt, berichtet das **Steintor** gleich im doppelten Sinne von der Geschichte der Stadt, ist es doch seit 1882 Museum. Das Tor stammt aus der zweiten Hälfte des 15. Jahrhunderts, das Mansarddach mit dem hölzernen Uhrtürmchen aus dem 18. Jahrhundert. Nebenan steht der ältere so genannte Hungerturm, der zwecks guter Aussicht seit 1994 auch zu besteigen ist. Im Museum sind unter anderem Waffensammlungen und Handwerkskunst ausgestellt.

Die **Stadtmauer** Bernaus ist bemerkenswert gut erhalten; ursprünglich bestand sie aus einer anderthalb Kilometer langen und etwa acht Meter hohen Feldsteinmauer mit drei Toren und zwei Rundtürmen. Ein dreifaches Wall- und Grabensystem, nördlich der Mühlenstraße Richtung Schwanenteich erkennbar, schützte zusätzlich vor Angreifern wie den märkischen Raubrittern der Quitzows, den Pommern oder den Hussiten. Die Abwehr der Hussiten im Jahre 1432 ist der Grund für den Ehrentitel »Hussitenstadt Bernau«. Wer die Hintergründe nicht kennt, wundert sich, wenn er erfährt, dass es gerade um die Abwesenheit von Hussiten in Bernau geht.

Die Anhänger des böhmischen Reformators Jan Hus zogen brandschatzend durch deutsche Lande und verwüsteten unter anderem die Frankfurter Vorstadt, Strausberg, Müncheberg und Lebus. Doch die tapferen Bernauer und ihr heißer Brei, angeblich teils aus Braurückständen, wirkungsvoll von der Stadtmauer gekippt, fügten den Hussiten eine Niederlage bei. Was auch zur Geschichte gehört, ist der Mord an Jan Hus während des Konstanzer Konzils. Trotz der Zusage für freies Geleit wurde Hus 1415 von der katholischen Kirche hingerichtet; er vertrat ketzerische Ideen: Er forderte eine Reform von Kirche und Gesellschaft und zugleich mehr nationale Eigenständigkeit der Tschechen. Die Antwort war der Einmarsch katholisch-kaiserlich-deutscher Truppen in Böhmen. Oberbefehlshaber war zeitweilig Friedrich I., Kurfürst von Brandenburg. All dies steht eher im Hintergrund, wenn alljährlich am zweiten Juni-Wochenende das **Bernauer Hussitenfest** als großes Mittelalterspektakel gefeiert wird, wenn Hexen tanzen, Ritter und ein Henker auftreten. Zu DDR-Zeiten hieß das Stadtfest friedlich »Parkfest«, denn die Tschechen galten als Brudervolk und die Hussiten als frühbürgerliche Revolutionäre.

Weniger friedlich ist eine andere Erinnerung an die DDR: Ende der

1970er Jahre wurde die Altstadt Bernaus weitgehend abgerissen. Die modernen neuen Wohnungen in meist vierstöckigen Häusern bewahren zwar den alten Stadtgrundriss, doch die eintönige Montagebauweise ersetzt natürlich nicht den Charme der alten Vielfalt.

Trotz allem finden sich noch manche Altbauten, allen voran die **Marienkirche**. Die romanischen Rundbögen an der Nordseite datieren von etwa 1200, Apsiskranz und Feldsteinmauerwerk der Westwand entstanden um 1280, der ab 1400 einsetzende Umbau zur Hallenkirche wurde 1519 abgeschlossen. Der 1839 abgetragene alte Doppelturm wurde zehn Jahre später durch die heutige Lösung ersetzt. Der Flügelaltar aus dem Umkreis von Lukas Cranach dem Älteren entstand 1511. Schon diese grobe Baugeschichte zeigt, dass die Kirche wie so viele Bauwerke mehr vom Lauf der Jahrhunderte erzählen kann, denn nur als Zeugin für eine Epoche zu stehen.

Neben dem klassizistischen Rathaus von 1805 zeigt seit 1987 die Stadtsäule einiges zur Stadtgeschichte. Eben dieser widmet sich auch das **Museum Henkerhaus** in der nach ihm benannten Straße. Hier wirkte fast dreihundert Jahre lang der jeweilige Henker von Bernau; heute zeigt die Abteilung des Heimatmuseums neben dem Richtschwert aus dem 16. Jahrhundert auch eine ganz friedliche Bürgerstube.

Fährt man von der Bernauer Innenstadt in Richtung Wandlitz, passiert man gleich mehrere lohnende Haltepunkte. Aus der Altstadt hinaus führt die Mühlenstraße. Rechter Hand befindet sich zwischen den **Wallanlagen** unter großen alten Bäumen ein **Naturlehrpfad.** Das Wasser der Wallgräben kam ursprünglich aus der Panke, deren Quellwiesen nordöstlich der Stadt liegen. Dieses Wasser nutzten auch die berühmten Bernauer Bierbrauer. Die letzte der Brauereien schloss 1943; auch hier hatten die Nationalsozialisten einen zweifelhaften Erfolg bei der Vernichtung deutscher Traditionen. Das heutige Bernauer Dunkle wird zwar in Berlin-Friedrichshagen hergestellt, man kann jedoch im Kellergeschoss der Sparkasse Bernau ein altes Gewölbe mit Original-Brauereiutensilien besichtigen.

Vorbei am Georgen-Hospital, 1328 von der Tuchmachergilde gestiftet, erreicht man immer geradeaus auf der Wandlitzer Chaussee, schön im Wald gelegen, eine Bernauer Institution der Gastlichkeit. Die über hundert Jahre alte **Gaststätte Waldkater** mit Biergarten wird seit 1982 vom Ehepaar Grahl betrieben. Er ist Küchenmeister, Frau Grahl kümmert sich um die Räume und Veranstaltungen, zum Beispiel Kleinkunst und über 150 Ausstellungen in 17 Jahren. Tradition wird groß geschrieben, und deshalb ist das Haus wie seit jeher mittwochs und donnerstags geschlossen. Übrigens findet man auf der Karte, passend zum Namen des Hauses, zwischen Weideschafrückenfilet und Obstler etwas für Vierbeiner: ein Angebot für Katzen – und eines für Hunde! Wenn das der Waldkater wüsste ...

Im Bernauer Ortsteil Waldfrieden führt von der Wandlitzer Chaussee rechts die Fritz-Heckert-Straße zu einem der wichtigsten Zeugnisse der Bauhausarchitektur, einem Ende der 1920er Jahre von Schweizer Architekten als **Bundesschule** des Allgemeinen Deutschen Gewerkschaftsbundes (ADGB) errichteten Komplex. Die roten Klinkerbauten gegenüber schuf Georg Waterstradt in – der seltenen – Fortführung der Bauhaustradition direkt nach dem Krieg. Anschließend, als das Areal mit der Gewerkschaftshochschule Fritz Heckert internationale Kaderschmiede des Freien Deutschen Gewerkschaftsbundes (FDGB) war, wurde der sensible Charme des Ensembles mit willkürlichen Umbauten verhunzt. Eines der ehemaligen Lehrerhäuser, mit den ursprünglichen Metallrahmen neu ausgestattet, nutzt ein Verein als Informationszentrum. Sein Engagement gilt dem Erhalt dieses wichtigen Beispiels für den einzigen Baustil, der sich eigenständig in Deutschland herausgebildet hat.

Folgt man der Hauptstraße noch weiter Richtung Wandlitz, ist die Straße als Bundesstraße 273, von der Autobahn herkommend, vierspurig. Kurz vor Wandlitz erreicht man die berüchtigte **Waldsiedlung**. Mit Autobahnanschluss und glatten Straßen an die Hauptstadt angeschlossen, mauerten sich in diesem Bernauer Ortsteil die Politbüromitglieder 1961 selbst ein, vor dem eigenen Volk. Wer in der heutigen **Brandenburg Klinik** die etwas langweiligen Häuser sieht, die als »Wandlitz« zum Begriff wurden, ahnt vielleicht, welch wenig anregende Stimmung in dieser merkwürdigen Siedlung geherrscht haben muss. Am rot gedeckten, mächtigen zentralen Neubau der Klinik befindet sich an einem künstlichen Teich die Terrasse des Kurcafés.

Völlig ursprünglich dagegen ist etwas nördlich der Bundesstraße der **Liepnitzsee**, ein grundwassergespeistes und bis zu 19 Meter tiefes Gewässer. Am Westrand des Sees befindet sich die Wasserscheide zwischen Nord- und Ostsee. Die Wasser aus dem Liepnitzsee fließen über Ober- und Hellsee, durch Finow und Oder in die Ostsee, die Wasser des Wandlitzsees über Briese, Havel und Elbe in die Nordsee.

Das offizielle **Strandbad** des Liepnitzsees, das ehemals die Bewohner der Waldsiedlung nutzten, liegt am nahen Westufer. Nach der Wende zwischenzeitlich ein Geheimtipp für entspannte Badefreuden in klarem Wasser, ist das Bad mittlerweile insbesondere am Wochenende ziemlich überfüllt. Überzeugend bleiben jedoch die idyllische Lage, der schöne Blick und die Weite des Sees. Beliebtes Ziel der Schwimmer ist die Insel inmitten des Sees. Kleinkindern steht ein Planschbecken zur Verfügung, und der Kiosk bietet von kalten Getränken über Eis bis zur Currywurst so ziemlich alles. Vor dem Eingang zum Strandbad befindet sich ein **Bootsverleih**. Eine direkte Zufahrtsstraße zum Strandbad gibt es (glücklicherweise) nicht. Lässt man das Auto an einer der umliegenden Straßen – sei es in Nähe der Waldsiedlung oder in Wandlitz selbst – stehen, sind es noch etwa zehn bis fünfzehn Minuten zu Fuß durch den Wald. Radfahrer hingegen können direkt vorfahren.

Näher mit dem Auto heran kommt man an die zweite Badestelle am Nordufer; bei Ützdorf gibt es einen großen Parkplatz. Die weiten und gepflegten Wiesen des Strandbads findet man hier nicht, dafür verlangt auch niemand Eintritt. Nicht weit legt die Fähre zur Insel Großer Werder – mit Campingplatz und weiterer Badestelle – an.

Auch ohne zum Nordufer des Liepnitzsees zu wollen, lohnt es sich, Wandlitz nicht direkt von der Waldsiedlung aus anzusteuern, sondern sich dem Ort mit einem Schlenker über Lanke und Ützdorf von Norden zu nähern.

Haus des Gastes / Fremdenverkehrsamt
Bürgermeisterstraße 4
16321 Bernau
Tel. 033 38 / 76 19-19
Fax: 033 38 / 76 19-70
E-Mail: fremdenverkehrsamt@bernau-bei-berlin.de
Internet: www.bernau-bei-berlin.de
Mo, Mi, Fr 9–12 Uhr, Di, Do 9–18 Uhr

Kultur

Museum Steintor mit Hungerturm
Berliner Straße
16321 Bernau
Tel. 033 38/29 24
Mai–Okt.: Di, Fr 9–12 Uhr u. 14–18 Uhr,
Sa, So 10–13 Uhr u.14–17 Uhr

Museum Henkerhaus
Am Henkerhaus
16321 Bernau
Tel. 033 38/22 45; 56 14 (Anmeldung)
Di–Fr 9–12 Uhr u. 13–17 Uhr,
Sa, So 10–13 Uhr u. 14–17 Uhr
(letzter Einlass 30 Minuten vor Schluss);
Führungen nach Anmeldung

Brauereigewölbe
Brauerstraße 16–18 (im Keller der Sparkasse)
16321 Bernau

Baudenkmal Bundesschule Bernau
Fritz-Heckert-Straße 9
16321 Bernau
Tel./Fax: 033 38/76 78 75
Ausstellungen: Mo–Fr 8–15 Uhr;
Führungen nach Anmeldung

Gastronomie

Waldkater
Restaurant und Biergarten, Lesungen,
Kunstausstellungen (im Winter),
Kutsch- und Kremserfahrten auf Anfrage
Wandlitzer Chaussee 10
16321 Bernau
Tel. 033 38/57 64
Fax: 033 38/456 78
Mi, Do geschlossen

Gastronomie

Bernau-Waldsiedlung »Wandlitz«
Brandenburg Klinik, Klinik 1,
Haus Brandenburg mit Kurcafé
Brandenburgallee
(an der Ecke Robert-Stolz-Allee)
16321 Bernau

Lanke

Lanke liegt westlich des Liepnitzsees zwischen Hellsee, Obersee und Krummer Lanke – nicht zu verwechseln mit der viel besungenen Berliner Namensschwester. Von Bernau ist es zu Fuß über den Waldweg zwischen Straße und Autobahn zu erreichen.

Neben der neugotischen Kirche von 1868 fällt in Lanke als größtes Gebäude das **Schloss** auf. Eduard Knoblauch entwarf es 1859 im Stil französischer Renaissance für den Oberst-Kämmerer des Königs und Generalintendanten der Hofmusik Graf Friedrich Wilhelm von Redern. In Berlin kennt man von Knoblauch die Neue Synagoge, und man kannte das Palais Redern von Schinkel, auf dessen Grundstück heute das Hotel Adlon steht. Bis 1997 befand sich im Schloss Lanke ein Pflegeheim, mittlerweile bedürfte das Areal selbst dringend der Pflege.

Der **Schlosspark** mit Sichtachse zum **Hellsee** ist nach Plänen von Peter Joseph Lenné gestaltet. Auch die Wirtschaftsgebäude verdienen Beachtung, darunter besonders das zweiflügelige Kutscherhaus aus Ziegelfachwerk im »Schweizer Stil«. Nördlich der Straße nach Biesenthal liegt der ehemalige Gutshof.

Um 1900 besaß die Familie Redern über 4500 Hektar des Niederbarnim und war somit größter Grundbesitzer dieser Gegend. Ländereien und Schloss gehören seit 1914 der Stadt Berlin, die hoffentlich bald eine Nutzung für das Anwesen findet. Dass der Sitz der Rederns hier entstand, liegt zweifelsohne auch an der reizvollen Lage, die schon bald Ausflügler anlockte. Davon zeugen nicht zuletzt die Gaststätten, die vom Herrensitz abgewandt auf den **Obersee** schauen.

Das **Landhotel am Obersee** war ursprünglich ein Wohnhaus und wurde ab 1952 vom FDGB genutzt. Seit 1994 betreibt Familie Bree das modern und doch charmant sanierte und sehr gepflegte Ensemble als Hotel mit drei Restauranträumen. Im Sommer sehr beliebt sind die Außenplätze vor dem Haus. Unmittelbar beim Hotel, allerdings auch nahe der Straße, liegt eine kleine Badestelle mit Tischtennisplatte.

In Sichtweite hat das über 120 Jahre alte **Seeschloss** einen ganz anderen Charakter. Ist das Landhotel eine schnittige Yacht des Gastgewerbes, dann ist das Seeschloss ein großer alter Dampfer. Seit 1920 im Familienbetrieb, verfügt es allein über vier verschiedene Gasträume und 120 Terrassenplätze. An heißen Tagen ist hier kaum ein Platz zu kriegen – wer weiß, ob Boxer Max Schmeling seine hiesigen Trainingseinheiten nicht schlicht als wiederholten Kampf um einen freien Platz abhielt.

Nur wenig weiter steht im Lanker Ortsteil **Ützdorf** ein weiteres Großgasthaus mit über hundertjähriger Tradition, das rustikale **Jägerheim**. Hier setzt man passend zur waldreichen Umgebung auf Holz – in den Zimmern, in der Gaststätte, an den Hotelbalkonen und darunter auf der Südterrasse vor dem Haus, wo schwere Holzbänke zur Rast laden. Vom nahen **Liepnitzsee** sind nur die schilfbestandenen Ausläufer zu sehen, gegenüber dem Jägerheim führt ein Weg am Nordufer entlang zur bereits erwähnten Fähre. Insbesondere außerhalb der ganz großen Badesaison ist das Haus ein guter Ausgangspunkt für einen beschaulichen Spaziergang durch den Wald rund um den See. Ungestört von Straßen und der sonst häufigen Uferbebauung lässt sich hier die Natur genießen.

Von der Straße vor dem Jägerheim kann man an der Kurve Richtung Stolzenhagen mitten im Wald nach **Bogensee** abbiegen. Hier gab der NS-Schreier Goebbels mit Frau Magda und Kindern die glückliche Familie, während er in Babelsberg den dortigen Schauspielerinnen weniger öffentlich nachstieg. Neben seiner Villa entstand zur Stalin-Zeit eine Jugendhochschule der FDJ. Nach der Wende nutzte der Internationale Bund für Sozialarbeit das Gelände als Bildungszentrum, derzeit ein weiteres trauriges Beispiel für Nachwendetristesse in wunderschöner Natur.

Landhotel am Obersee
Restaurant und Hotel
Oberseer Straße 3–4
16359 Lanke
Tel. 033 37 / 45 14-0
Fax: 033 37 / 45 14-225
E-Mail: info@landhotel-am-obersee.de
Internet: www.landhotel-am-obersee.de

Seeschloss
Restaurant und Hotel, Rad- und Bootsverleih,
Kremserfahrten auf Anfrage
Am Obersee
16359 Lanke
Tel. 033 37 / 20 43
Fax: 033 37 / 34 12

Jägerheim
Restaurant und Hotel
Wandlitzer Straße 12
16359 Lanke-Ützdorf
Tel. 033 397 / 75 30
Fax: 033 397 / 221 69

Wandlitz

»Vandelice« nannten die Slawen ihre vor etwa 1400 Jahren an-
gelegte Siedlung auf der Halbinsel im Wandlitzsee, es steht für
»Menschen, die am Wasser leben«. Man könnte auch sagen: die
vom Wasser leben, denn Wandlitz hat mit der oben erwähnten
Bernauer Waldsiedlung wenig zu tun und verbreitet stattdessen
Urlaubsatmosphäre rund um den Wandlitzsee. Drei Teile von
Wandlitz sind zu unterscheiden: das alte Dorf, das Zentrum am
Bahnhof Wandlitzsee nebst Strandbad und die nördliche Villen-
siedlung.

Das von den deutschen Siedlern angelegte Rundlingsdorf um den
Kirchberg war genau 300 Jahre im Besitz des Klosters Lehnin. An-

lässlich der Reformation in Brandenburg wurde Wandlitz 1542 kurfürstliche Domäne.

Gegenüber der spätgotischen Dorfkirche können Feinschmecker im Restaurant des **Hotels SeePark** speisen. Auf dem Gelände der früheren Entenfarm und des späteren SED-Erholungsheims gibt es im wörtlichen Sinne ausgezeichnetes Essen – der Name eines Feinschmeckerführers prangt an der Zufahrt. Allerdings liegt das Restaurant rückseitig in einem gedrungen wirkenden Raum des Erdgeschosses im sanierten Plattenbau, lediglich etwa 36 Terrassenplätze haben Seeblick.

Für alle Tier- und besonders Pferdefans bietet der **Reiterhof Hinze**, ebenfalls direkt im Ortskern, Reitunterricht und Kutschfahrten an.

Den Bahnhof Wandlitz und den Dorfkern verbindet die Breitscheidstraße. Hier verweist eine hundertjährige Dampf-Pflug-Lokomotive auf das **Agrarmuseum**, entstanden aus dem Heimatmuseum. Diese größte agrarhistorische Sammlung Brandenburgs zeigt viel über die Landwirtschaft der letzten zweihundert Jahre. Das Museumsfest im Mai lockt Traktorenliebhaber von weit her. Die ständige Ausstellung verfügt nicht nur im Mai über funktionstüchtige Maschinen und informiert zugleich über das Landleben vor der Industrialisierung.

Seitdem ab 1901 die Eisenbahn Wilhelmsruh – Groß Schönebeck, als »Heidekrautbahn« bekannt, Wandlitz mit den Berliner Vororten verbindet, ist der Ort endgültig Ausflugsziel geworden. Ein zweiter Bahnhof, Wandlitzsee, entstand 1928 im Stil der Neuen Sachlichkeit und ist mit Pergolen über die Straße hinweg mit dem **Strandbad** verbunden. Hier herrscht an Sommertagen reges Treiben; zeitweise rieselt Musik aus den Lautsprechern, und insgesamt ist das Bad eher etwas für Freunde bewegten »Strandlebens«. Spielplatz, Sportmöglichkeiten und Imbiss sind vorhanden. Eine nahe gelegene Restauration, der **Rosengarten**, bietet gepflegtes Ambiente und Außenplätze.

Wer sich sportlich betätigen möchte, hat dazu im **Tauchzentrum »Tauch In« am Wandlitzsee** Gelegenheit. Dort werden nicht nur ganzjährig Tauchkurse, sondern auch Tauchreisen in ferne Gewässer angeboten. Das dazugehörige Equipment bekommt man im angeschlossenen Tauch-Shop.

Nordöstlich des Bahnhofes liegt unter anderem das Villenviertel an den »Drei Heiligen Pfühlen«. Diese drei Teiche erstrecken sich fast bis zum Liepnitzsee. Hier steht nicht nur ein alter Wasserturm, sondern auch anspruchsvolle und verschiedenartige Villenarchitektur, teils aus einem Architekturwettbewerb hervorgegangen.

Das Nordufer des Wandlitzsees ist mit weiteren Villen und Landhäusern besetzt. Hier macht in der Thälmannstraße das **Hotel Restaurant Seeterrassen** seinem Namen Ehre. Der weiße Bau mit dem blau abgesetzten Fassadenschmuck steht am Hochufer des Sees. Bis zum Abend scheint die Sonne auf den Rasen zwischen Haus und Treppen. Unten verläuft ein Wanderweg; einen Teil des unmittelbaren Seegrundstückes dahinter haben die Eigentümer der Seeterrassen für die Öffentlichkeit zugänglich gemacht. Ein Hotel war das Haus auch vor der Wende, allerdings wurden beim Umbau bis 1995 die Küche und das Restaurant vertauscht. Nun hat nicht mehr der Koch den schönen Seeblick, sondern die Gäste. Selbst gebackenen Kuchen gibt es immer, für den Boots- und Radverleih sowie das täglich bis zehn Uhr geöffnete Frühstücksbüffet des kleinen Hotels wird hingegen jeweils um Anmeldung gebeten.

Südwestlich von Wandlitz geht es zum Rahmersee. An der Straße nach Zühlsdorf röhrt kurz vor der Ortsgrenze von Wandlitz vor Freude der Hirsch, denn die Spezialität des Hotel-Restaurants **Waldschänke** ist nicht Hirsch, sondern Wildschweinspieß. Dafür dekorieren allerdings die Geweihe einiger Artgenossen einen Teil der Gaststube. Gleich hinter der Ortsgrenze nach Zühlsdorf gelangt man rechts zum **Strandbad am Rahmersee**. Unweit des Bades, am südwestlichen Ende des Sees, verlässt die Briese den Rahmersee havelwärts.

**Tourismusverein Naturpark Barnim e. V.,
Sitz Wandlitz**
Prenzlauer Chaussee 157
16348 Wandlitz
Tel. 03 33 97 / 661-31
Fax: 03 33 97 / 661-68
Mo, Do, Fr 9–17 Uhr, Di 9–18 Uhr, Mi 9–13 Uhr;
Mai–Sept.: auch Sa 10–14 Uhr

Agrarmuseum Wandlitz
Breitscheidstraße 22
16348 Wandlitz
Tel. 03 33 97/215 58
Fax: 03 33 97/608 88
Di–Fr 9–16.30 Uhr;
Apr.–Okt.: auch Sa, So 10–17 Uhr

SeePark
Restaurant und Kurhotel
Kirchstraße 10
16348 Wandlitz
Tel. 03 33 97/75-0
Fax: 0 33 397/75-199

Rosengarten
Café und Restaurant,
Rad- und Bootsverleih
Prenzlauer Chaussee 171
16348 Wandlitz
Tel. 03 33 97/610 90

Seeterrassen
Restaurant und Hotel
Thälmannstraße 93
16348 Wandlitz
Tel. 03 33 97/769-0
Fax: 03 33 97/769-99

Zur Waldschänke
Café, Restaurant und Hotel
Zühlsdorfer Chaussee 14
16348 Wandlitz
Tel. 03 33 97/611 05
Fax: 03 33 97/35 53 55

Reiterhof Hinze
Pferdepension, Reitunterricht, Kutschfahrten,
Reiterferien, Ferien auf dem Bauernhof
Kirchstraße 12
16348 Wandlitz
Tel. 03 33 97 / 212 69

Tauch In – Tauchzentrum am Wandlitzsee
Tauchschule, -shop und -reisen
Prenzlauer Chaussee 5
16348 Wandlitz
Tel. 03 33 97 / 225 58

Schmachtenhagen und Wensickendorf

Von Wandlitz aus lohnt ein halbkreisförmiger Abstecher Richtung
Westen nach Wensickendorf. Am Wochenende lockt noch ein Stück
weiter westlich, in Schmachtenhagen, der **Oberhavel-Bauernmarkt**
mit frischen Produkten.

Wensickendorf liegt geographisch auf dem Barnim und gehört
dennoch zum Landkreis Oberhavel. Am Ortsausgang Richtung Oranienburg wurde aus einer alten Ausspannstation von 1884 das
Landhotel Classic mit Restaurant Jahreszeit und Hofgarten. Somit
bietet sich hier erneut ein – recht hübsch gestalteter – Rastplatz zum
Ausspannen.

Wer gekräftigt weiter möchte, gelangt am Feldsteinbau der Dorfkirche vorbei zum Bahnhof. Ein Zweig der Heidekrautbahn endet
hier, denn die weitere Strecke Richtung Liebenwalde ist wegen eines
ausstehenden Brückenneubaus über den Oder-Havel-Kanal gesperrt.
Die Bahn, hier 1901 eröffnet, verkehrt heute fahrplanmäßig ab Ber-
lin-Karow, mit dem Mauerbau der DDR wurde die ursprüngliche
Strecke nach Wilhelmsruh unterbrochen und verfiel. Auf der B273
geht es weiter ostwärts zurück nach Wandlitz.

Landhotel Classic
Hotel und Restaurant
Hauptstraße 66
16515 Wensickendorf
Tel. 03 30 53 ⁄ 68-0
Fax: 03 30 53 ⁄ 68-201
E-Mail: info@landhotel-classic.de
Internet: www.landhotel-classic.de

Oberhavel-Bauernmarkt
(auf dem Gelände der Agrar GmbH)
Zehlendorfer Chaussee 10
16515 Schmachtenhagen
Tel. 033 01 ⁄ 68 09 10
Di–Sa 8–16 Uhr, So 9–16 Uhr

Basdorf und Schönwalde

Von Wandlitz führt die B109 nach **Basdorf.** Von Norden aus passiert man zunächst den hübschen alten Dorfkern samt Dorfkirche aus dem 14. Jahrhundert. Der Turmaufsatz und die Schinkelsche Südvorhalle wurden später ergänzt.

Westlich der Bahnstrecke befindet sich in Bahnhofsnähe das **Heidekrautbahnmuseum** der Berliner Eisenbahnfreunde e. V. (sonntags geschlossen!). In Lokschuppen und Wagenhallen stehen mehr als vierzig alte Eisenbahnfahrzeuge; ein »Traditionszug« dampft auf der Heidekrautbahn zwischen Berlin-Rosenthal und Basdorf.

Kurz hinter Basdorf erstreckt sich **Schönwalde**, benannt nach dem Mühlenbecker Amtmann Schönwald und von Friedrich II. als Spinnerkolonie gegründet. Die Büste des Dorfgründers steht schräg gegenüber der Kirche, sie wurde von verschiedenen Dorfbewohnern zu DDR-Zeiten versteckt und erst 1990 unter Stroh hervorgeholt. Ein preiswerter Zweitguss ersetzt seit einem Diebstahl das Original.

An der 1843 im Rundbogenstil der Schinkelschule erbauten Kirche muss man sich entscheiden: Geradeaus geht es nach Berlin, links – Richtung Bernau – erreicht man den **Gorinsee** und rechts liegt Schloss Dammsmühle.

Das **Gasthaus Am Gorinsee**, 1930 etwas abseits der Straße am östlichen Seeufer errichtet, ist besonnt bis zum Abend. Es hat eine Terrasse mit etwa 150 Plätzen. Davor erstreckt sich ein kleiner und sauberer, allerdings recht lauter **Badestrand** mit Liegewiese.

Das Schlosshotel **Dammsmühle** steht idyllisch gelegen mitten im Wald – vom Schönwalder Ortsausgang Richtung Mühlenbeck ist es über die rechts abgehende Schlossstraße zu erreichen. Leider dämmert das Haus zur Zeit ungenutzt vor sich hin, Spaziergänge in der mit Wiesen durchsetzten wald- und wasserreichen Umgebung lohnen sich trotz allem. Die Geschichte der Dammsmühle war deutlich bewegter als seine Gegenwart: An der Stelle eines Jagdhauses des Großen Kurfürsten als Wassermühle gebaut, ab 1755 vom Lederfabrikanten Peter Friedrich Damm als Herrenhaus genutzt, Ende des 19. Jahrhunderts erweitert durch den Gutsbesitzer Wollank, der hier große Feste auf einem schwimmenden Palais im See des Parkes feierte, war das Areal von 1959 bis 1989 Gästehaus von Mielkes Ministerium für Staatssicherheit – in Plänen der DDR-Zeit war hier nichts eingezeichnet. 1991 schließlich drehte man hier die Fernsehserie »Das Haus am See«.

Kultur

Museumseisenbahn der Berliner Eisenbahnfeunde e. V.
Förderverein der Heidekrautbahn e. V.
An der Wildbahn 2
16352 Basdorf
Tel. 03 33 97/726 56
Fax: 03 33 97/608 28
Internet: www.epilog.de/go/BEF
Sa 11–17 Uhr, in der Saison auch werktags

Gastronomie

Gasthaus Am Gorinsee
Am Gorinsee
16352 Schönwalde
Tel. 03 30 56/742 46
Fax: 03 30 56/742 46

ÖPNV
- RE3, RE7, RB22, S4 bis Bernau
- Bus 890, Bus 909 ab Bhf. Bernau bis Lanke
- Bus 909 ab Bhf. Bernau über Lanke, Ützdorf bis Bhf. Wandlitzsee
- Bus 894 ab Bhf. Bernau über Waldkater, Bundesschule, Wald-
  siedlung bis Stolzenhagen
- RB27 bis Schönwalde, Basdorf, Wensickendorf, Wandlitz

Fahrradtouren
- Ab der Brücke an der A11 in Bernau, südlich der Siedlung Waldfrieden durch den Wald immer geradeaus bis kurz vor Basdorf, hinter dem alten Dorf rechts über die Bahn nach Zühlsdorf, dort hinter der Kirche schräg rechts am Rahmersee vorbei bis Wandlitz
  (Bhf.), von hier über die Bernauer Chaussee, am Ortsausgang links
  und dann südlich des Liepnitzsees nach Ützdorf, weiter über
  Straßen nach Lanke und Bernau (Bhf.)

Wandern
- Ab Bhf. Wandlitzsee nördlich der Drei Heiligen Pfühle, Umrundung
  des Liepnitzsees (am Nordrand Hinweis zur Fähre nach Groß Werder) oder durch Wandlitz-Dorf, ein Stück Bundesstraße, zweimal
  rechts zur Uferstraße, Umrundung des Wandlitzsees, bis Bhf. Wandlitzsee
- Ab Gutshaus Lanke um den Hellsee

Baden
- Strandbad Liepnitzsee, Südwestecke, und Badestelle Nordufer
- Obersee, Nordufer, in Lanke
- Strandbad Wandlitzsee, Ostufer
- Strandbad Rahmersee, Südwestufer, und Badestelle Nordufer
- Summter See, Ostufer
- Gorinsee, Ostufer

Östlich Berlins zu Straussee und Löcknitz

3 Vom Straussee nach Woltersdorf

Die Ortschaften der Route

Hoppegarten, Petershagen-Eggersdorf, Strausberg, Hennickendorf, Rüdersdorf, Woltersdorf

Das Ausflugsgebiet

Acht Seen reihen sich in die eiszeitlichen Rinnen zwischen der Fähre Strausberg und der Schleuse Woltersdorf. Für entspanntes Wandern in ruhiger Natur sind insbesondere die Wälder am Bötzsee und die Dammwiesen bei Hennickendorf zu empfehlen. Und zu entdecken gibt es auch einiges, so ein Wasserturm-Rathaus, den Kalk von Rüdersdorf und den »Potsdamer Platz« von Eggersdorf.

Hoppegarten

Verlässt man Berlin Richtung Osten mit der S-Bahn oder mit dem Auto über die B1/5, liegt Dahlwitz-Hoppegarten am Weg. Gut ausgeschildert ist die »schönste Galopprennbahn Deutschlands«, Hoppegarten. Sie liegt in der Tat inmitten eines herrlichen Baumbestandes, ebenso die drei Trainierbahnen. Auf der 1868 eröffneten Bahn laufen jedoch nicht nur Pferde, sondern auch ab und zu Elefanten und Kamele. Von der Haupttribüne, 1922 erbaut, kann man zudem den vom Nachbarort ausgerichteten Neuenhagener Musiksommer genießen. Er wurde mit dem Freiluftauftritt des Dresdner Kreuzchores 1986 erstmals eröffnet.

Petershagen-Eggersdorf

Weiter östlich schlossen sich 1993 zwei Gemeinden zum heute 11 000 Einwohner zählenden »Doppeldorf« Petershagen-Eggersdorf zusammen. Das neue **Rathaus** am alten Dorfkern von Eggersdorf gehört zu einem bemerkenswerten Komplex. Was der Potsdamer Platz für Berlin ist, ist die Adresse Am Markt für das Doppeldorf. Am Westrand von Eggersdorf, Petershagen zugewandt, entstand zwischen 1997 und 1999 ein farbiges, völlig neues Ortszentrum: 22 Häuser mit 130 Wohnungen, Gaststätten, Apotheke, Supermarkt, Tiefgarage, Kindertagesstätte und eben einem Rathaus. Das Architekturbüro Fetzer plante um einen Platz herum, der eine Sichtachse zur Kirche frei lässt. Am Dorfanger erzählt ein niedriges Kossätenhaus aus der Zeit Friedrichs II., als hier Kolonisten aus dem Rheinland angesiedelt wurden. Heute verzeichnet das Doppeldorf monatlich über 50 Zuzüge, darunter waren in letzter Zeit gewiss auch Rheinländer.

Ebenfalls am Dorfanger liegt der **Landgasthof Zum Mühlenteich**. Das gepflegte Haus passt in seiner Mischung aus modernem Ambiente und Gemütlichkeit zum Umfeld gegenüber, dass von der Terrasse aus im Blickfeld liegt.

Im Norden von Eggersdorf führt die Altlandsberger Chaussee am Bötzsee vorbei. Das **Strandbad Eggersdorf** liegt an der Südwestecke des Sees und verleiht auch Boote. Überhaupt bietet das kleine und idyllisch im Naturschutzgebiet gelegene Bad alle üblichen Einrichtungen wie Spielplatz, Kabinen und Imbiss. In derselben Straße vermietet das **Haus Bötzsee** Räume für Veranstaltungen – im Sommer finden regelmäßig Konzerte statt –, und das **Hotel und Eiscafé Seeschloss** lockt mit hausgemachtem Eis, die Terrasse liegt zum See hin.

Auf frische Farbe setzt nicht weit entfernt das Tagungshotel **Villago**. Auch das Restaurant ist bunt eingerichtet, das Angebot ansprechend. Die Terrasse hat allerdings keinen Seeblick. Eine Wanderung im nahen Postbruch Richtung Spitzmühle führt zum nordöstlichen Bötzsee-Ufer, wo auch eine Badestelle zu finden ist.

Info

Gemeindeverwaltung Eggersdorf
Am Markt 8
15345 Eggersdorf
Tel. 033 41 / 41 49 10

Gastronomie

Zum Mühlenteich
Restaurant, Radverleih
Karl-Marx-Straße 32
15345 Eggersdorf
Tel. 033 41 / 42 66-0
Fax: 033 41 / 42 66-66
E-Mail: landgasthof@landgasthof.de
Internet: www.landgasthof.de

Seeschloss
Eiscafé und Hotel
Altlandsberger Chaussee 102
15345 Eggersdorf
Tel. 033 41 / 484 25
Fax: 033 41 / 482 42
E-Mail: Info@hotel-seeschloss.de
Internet: www.hotel-seeschloß.de

Landhaus Villago
Restaurant und Hotel, Rad- und Bootsverleih
Altlandsberger Chaussee 88–89
15345 Eggersdorf
Tel. 033 41 / 469-0
Fax: 033 41 / 469-469
E-Mail: info@villago.de
Internet: www.villago.de

Freizeit

Haus Bötzsee
Veranstaltungen, Konzerte
Altlandsberger Chaussee 81
15345 Eggersdorf
Tel. 033 41 / 47 30 04

Freizeit

**Bootsverleih und Badeanstalt
am Bötzsee**
Altlandsberger Chaussee
15345 Eggersdorf
Tel. 033 41 / 41 49 10
Mai–Mitte Sept.

Strausberg

Ein alter Handelsweg von Köpenick nach Wriezen nutzte einen schon
zur Slawenzeit befestigten Barnimpass. Diesen Pass sicherte eine
Burg auf der Anhöhe am Ostufer des Straussees. Später entstand
dort ein Dominikanerkloster, daneben wuchs die Strausberg genannte Ansiedlung. Soviel steht fest. Schwieriger ist es hingegen mit
dem Ursprung des Namens dieser Ansiedlung. Strausberg heißt so
nach dem Vogel Strauß, der hier gelebt haben soll – das berichtet
schon im 16. Jahrhundert der Stadtchronist und Pfarrer Engel, dessen Grabstein sich hinter dem Altar der Marienkirche befindet. Wahr-
scheinlicher ist die Herleitung des Namens struceberch, aus dem Jahr
1247 erstmals urkundlich überliefert, von struce, was slawisch für
Schote, Hülse steht. Das passt zur Form des Sees. Ungeachtet weiterer Deutungen finden wir im Wappen der 27 000-Einwohner-Stadt
den Vogel Strauß, der den kleineren brandenburgischen Adler er-
staunt zu betrachten scheint.

Das Strausberger Kloster ist abgebrochen worden; an der Kloster-
straße steht an seiner statt seit 1792 das ehemalige Landarmen- und
Invalidenhaus – dreigeschossige preußische Nüchternheit. Geblieben ist die urtümliche **Kirche St. Marien**, entstanden um 1250, eine
der größten erhaltenen Kirchen des 13. Jahrhunderts in Brandenburg. Die baulichen Veränderungen aus dem 15. Jahrhundert sind
Folge der Verwüstungen durch die Hussiten.

Vor der Kirche erinnert eine Tafel in Notenständerform an **Hugo
Distler**. Der Komponist, Organist und Leiter des Berliner Domchores
bezog in der jetzigen Ernst-Thälmann-Straße 53, damals Kaiser-
straße, Quartier. Er zog im November 1940 ein – in dem Jahr, in dem
sein Cembalokonzert zu seinem Entsetzen von den Nationalsozialisten als »entartete Kunst« bezeichnet wurde – und wählte im No-

vember 1942 den Freitod. Strausberg war ihm doch nicht weit genug weg vom Untergang seiner Welt.

Die Nationalsozialisten bauten in Strausberg 1935 eine Munitionsfabrik sowie einen Flugplatz und Kasernen an der Hegermühlenstraße. Die militärische Geschichte des Ortes reicht jedoch weiter zurück, davon zeugen erhaltene Teile der Stadtmauer aus dem 14. Jahrhundert. Ab 1714 war Strausberg Garnisonsstadt, zu DDR-Zeiten Sitz des Ministeriums für nationale Verteidigung, und heute ist es Bundeswehrstandort – doch nun soll die Kaserne geschlossen werden und ausschließlich die 2000 Stellen umfassende Wehrverwaltung bleiben.

Ab 1952 war Strausberg Kreisstadt; diese Rolle hat für den heutigen Landkreis Märkisch-Oderland seit 1993 Seelow übernommen. Zum Ausgleich sitzt die für die Region sehr engagierte Sparkasse Märkisch-Oderland im Zentrum von Strausberg.

Am südlichen Eingang zur Altstadt befindet sich die Touristeninformation. Hier und im Heimatmuseum in der August-Bebel-Straße erfährt man mehr über die Sehenswürdigkeiten der Stadt, zum Beispiel über das **Seebad am Straussee**. Es liegt nicht weit südlich der Altstadt am Fichteplatz, wurde 1925 eröffnet und verfügt über reizvoll restaurierte Holzhäuser und einen Bootsverleih. Beliebt sind unter anderem der Fünf-Meter-Sprungturm und die Wasserrutsche.

Schräg gegenüber der Touristeninformation kann man sich im **Restaurant und Biergarten Zur Fähre** stärken. Wem diese Seite Strausbergs zu lebhaft ist, der wende sich mit wenigen Schritten seewärts zu Europas einziger Oberleitungs-Fähre, einer reinen Personenfähre. Die 360 Meter zum Westufer querte eine Fähre erstmals 1894. Ab hier kann man in aller Ruhe durch die grüne Spitzheide spazieren, zum Beispiel zum **Hotel-Restaurant Neue Spitzmühle**. Es liegt zwischen Bötz- und Fängersee; direkt am Wasser an der Nordwestecke des Bötzsees bietet die Terrasse achtzig Plätze.

Doch auch auf der belebten Ostseite des Straussees kommt man schnell ins Grüne. Gleich beim Biergarten Zur Fähre fährt die Straßenbahn – ungewöhnlich genug für eine Stadt dieser Größe – zum S-Bahnhof Strausberg, der eigentlich Strausberg-Vorstadt heißen müsste, aber eben auch der Fernbahn dient. Wenig östlich des Bahnhofs liegt in Sichtweite der idyllischen Schranken das **Restaurant Waldidyll**

mit großer Terrasse. Von hier empfehlen sich Wanderungen oder Rad-
fahrten in das Naturschutzgebiet Dammwiesen Richtung Hennickendorf. Andernorts vom Aussterben bedrohte Pflanzen sind hier
noch zu sehen.

Am nächsten S-Bahnhof, Hegermühle, liegt unmittelbar die **Reh-
felder Heide**, ein Waldgebiet mit See, dem Herrensee. Und unweit
der S-Bahn-Endstation Strausberg Nord kann der **Alte Gutshof** Aus-
gangs- oder Endpunkt für Touren sein. Das Gutshaus ist ein Wohnhaus; in den alten Ställen findet man den »Pferdestall« mit Biergarten und den Veranstaltungssaal Ku-Stall – Ku wie Kultur. Der Verein
Barnimer Alternative e. V. sorgt sich in ehrenamtlicher Arbeit um das
Leben auf dem Areal, die Gastronomie ist verpachtet. Der Alte Speicher dient als Herberge, es gibt einen Beach-Volleyballplatz, Tisch-
tennis und einen Radverleih.

Nördlich von Strausberg liegt noch eine weitere bemerkenswerte
Herberge. **The Lakeside** heißt das 1998 eröffnete Objekt neudeutsch
nicht ganz ohne Berechtigung, denn Vorbild des märchenhaft anmutenden Bauwerkes war »englischer Landhausstil«. Das Hotel bietet ein Restaurant, einen Biergarten mit alten Kastanienbäumen und
ein Amphitheater, in dem auch wirklich in einer Art Burghof Theater
oder Musical gespielt wird.

Info

**Stadt- und Touristen-Information
Strausberg**
August-Bebel-Straße 1
15344 Strausberg
Tel. 033 41 / 31 10 66
Fax: 033 41 / 31 46 35
Nov.–März: Mo–Fr 10–17 Uhr, Sa 10–13 Uhr;
Apr.–Okt.: Mo–Fr 9–18 Uhr, Sa 9–13 Uhr

Kultur

Heimatmuseum Strausberg
August-Bebel-Straße 33
15344 Strausberg
Tel. 033 41 / 236 55
Di–Do 10–12 Uhr u. 13–17 Uhr;
Mai–Okt.: auch So 14–17 Uhr

Gastronomie

Zur Fähre
Restaurant und Biergarten
Große Straße 1
15344 Strausberg
Tel. 033 41/21 67 80

Neue Spitzmühle
Restaurant und Hotel
Spitzmühlenweg 2
15344 Strausberg
Tel. 033 41/33 19-0
Fax: 033 41/33 19-58
E-Mail: www.spitzmuehle@snafu.de

Restaurant Waldidyll
Hennickendorfer Chaussee 7
15344 Strausberg
Tel. 033 41/42 11 01
Mi geschlossen

Alter Gutshof
Restaurant, Biergarten und Hotel, Radverleih
Prötzeler Chaussee 7 c
15344 Strausberg
Tel. 033 41/31 20 50
Tel. 033 41/21 62 23
Internet: www.alterspeicher.de

The Lakeside Hotel Strausberg
Restaurant, Biergarten und Hotel,
Amphitheater
Gielsdorfer Chaussee 6
15344 Strausberg
Tel. 033 41/34 69-0
Fax: 033 41/34 69-15
Internet: www.thelakeside.de

Seebad am Straussee
Strandpromenade am Fichteplatz
15344 Strausberg
Tel. 033 41 / 230 74
Mai–Mitte Sept.

Radverleih Fahrradhaus Richter
Wriezener Straße 18 (nördlich der Altstadt)
15344 Strausberg
Tel. 033 41 / 21 62 23

Radverleih Fahrradwerkstatt Laukant
Lindenpromenade 5 (Strausberg-Vorstadt,
Nähe Bhf. Strausberg)
15344 Strausberg
Tel. 033 41 / 42 12 65

Kutschfahrten / Reiten für Kinder
Thomas Zander
Altlandsberger Chaussee 2
15344 Strausberg
Tel. 033 41 / 232 54

Hennickendorf und Rüdersdorf

Zwischen Kleinem und Großem Stienitzsee findet man seit über 625
Jahren Hennickendorf. Von Strausberg durch die Dammwiesen kom-
mend, passiert man den **Wachtelberg**. Seit 1938 krönt den Berg ein
Turm, erbaut zur Überwachung der Waldbrände, der – so geöffnet –
auch zugänglich ist. Die Aussicht auf die beiden Seen, die Wälder,
Wiesen und das grüne Dorf lohnt den Aufstieg.

Am Großen Stienitzsee gibt es sowohl am West- wie am Ostufer
Bademöglichkeiten. Das **Seebad Stienitz** am Ostufer liegt ange-
nehm ruhig und verfügt über ein Strandbistro. Die Wasser aus dem
Stienitzsee fließen abwärts über das Mühlenfließ in den Hohlen See
und dann in den Kalksee nach Rüdersdorf.

Im Nordosten von **Rüdersdorf** befindet sich der größte mitteleuropäische **Kalksteinbruch**. Seit 750 Jahren wird hier der Baustoff gewonnen, mit dem auch wichtige Teile des nahen Berlin gebaut wurden und durch das neue, staubarme Zementwerk noch gebaut werden. Bekannte Gebäude wie das Brandenburger Tor oder das Schloss Sanssouci sind mit Rüdersdorfer Kalkstein errichtet.

Das allein würde den Ausflügler nicht nach Rüdersdorf locken, gäbe es da nicht den **Museumspark** in der Heinitzstraße, oberhalb des Mühlenfließes. Er zeigt unter anderem eine eindrucksvolle Schachtofenbatterie und eine Kammerofenanlage von 1660. Um 1805 erfand man in Rüdersdorf einen kontinuierlich zu betreibenden Ofentyp, der in ganz Europa nachgebaut wurde und hier noch in zwei Exemplaren erhalten ist. Das Bergamtsgebäude entwarf Baumeister Schinkel. Das Portal des ehemaligen Bülowkanals erinnert an die Zeit, als die Baustoffe auf dem Wasserweg abtransportiert wurden. Es werden auch Jeepsafaris zur Bruchkante sowie geologische und historische Führungen zur Entstehungsgeschichte des Landes angeboten.

Natürlich trägt die neugotische Pfarrkirche in Kalkberge von 1871 Kalkstein als Verblendung. Zwischen Museumspark und Kirche steht das 1956 eingeweihte **Kulturhaus Martin Andersen Nexö**, benannt nach dem dänischen Arbeiterdichter, der auch »Pelle der Eroberer« verfasste.

Auch in Rüdersdorf verkehrt eine Straßenbahn, sie fährt zum S-Bahnhof Berlin-Friedrichshagen.

Museumspark Baustoffindustrie Rüdersdorf
Heinitzstraße 11
15562 Rüdersdorf
Tel. 03 36 38 / 765-0, -10
Fax: 03 36 38 / 765-11
E-Mail: kontakt@museumspark.de
Internet: www.museumspark.de
Mo–So 10–18 Uhr; Führungen am Wochenende:
historische 11 u. 14 Uhr, geologische 10 u. 13.30 Uhr,
Jeepsafaris ca. jede Stunde;
Führungen in der Woche nach Vereinbarung

Kultur

**Kulturhaus
Martin Andersen Nexö**
Kalkberger Platz 31
15562 Rüdersdorf
Tel. 03 36 38 / 82 01

Woltersdorf

Noch bevor die nördlich von Strausberg beginnende eiszeitliche Rinne mit ihren Seen das Spreetal erreicht, gelangt man nach Woltersdorf. Das bekannteste Bauwerk des Ortes ist die **Schleuse** zwischen Kalk- und Flakensee. Sie wurde vor über fünfhundert Jahren gebaut, als die Mönche des Klosters Zinna begannen, den Rüdersdorfer Kalk abzubauen und per Schiff fortzuschaffen. Die nunmehr vierte Schleuse ersetzte im Jahr 2000 die Vorgängerin von 1860 und wird von einer Klappbrücke überspannt. Seit 1913 beginnt die Straßenbahn hier ihre Fahrt zum Berliner S-Bahnhof Rahnsdorf – selbst märkische Dörfer haben ihre Straßenbahn!

Rund um die Schleuse sind die klassischen Ausflugsziele zu finden. Dazu gehört die **Liebesquelle**, deren Wasser unter anderem die Liebe erhalten soll. Sie wurde 1886 vom heute noch rührigen Verschönerungsverein eingefasst, 1928 ausgebaut und 1994 instand gesetzt und mit einem Brunnenhäuschen umgeben. Die Daten zeigen an, in welchen Epochen verstärkt Investitionen für den Ausflugsverkehr getätigt wurden: zur späten Kaiserzeit, in der Blüte der Ersten Republik und nach der Wende.

Das **Restaurant Liebesquelle** mit großem Biergarten direkt am Wasser und gegenüber der Quelle ist leicht zu finden, ebenso das **Café-Restaurant Knappe** – seit 1888 in Familienbetrieb – an der Straßenbahn-Endhaltestelle. Auch das **Hotel Kranichsberg** mit Terrassenplätzen liegt hier, am Ostufer des Sees, und ist benannt nach den exakt 104,5 Meter aufragenden Erhebungen dahinter. Auf ihnen belohnt ein **Aussichtsturm** den Bezwinger des Gipfels. Der erste Turm wurde vom Verschönerungsverein 1886 übergeben, doch während der letzten Kriegstage 1945 zerstört. Der heutige zweite Turm mit neunzig Stufen entstand an gleicher Stelle 1962.

Im Turm erinnert eine kleine Ausstellung an die Zeit, »Als Woltersdorf noch Hollywood war«, so der Titel eines Buches des Heimatforschers Gerald Ramm. Am westlichen Ufer des Kalksees begann Produzent Joe May mit dem Bau einer Filmstadt, die jedoch nach 1929 nicht mehr vollendet wurde. Hier wurden unter anderem »Der Tiger von Eschnapur« und »Das indische Grabmal« gedreht. Für Conrad Veidt, Harry Piel, Mia May und andere war Woltersdorf die Kulisse für ihre Auftritte vor, hinter oder neben der Kamera. Die Weltwirtschaftskrise setzte dem Treiben nach zehn Jahren ein Ende; May flüchtete vor den Nationalsozialisten ins Exil und starb in Hollywood.

Unten im Tal kann man sich unweit der Schleuse sein eigenes Wasserfahrzeug leihen oder auch eines der Fahrgastschiffe, die Woltersdorf ansteuern, besteigen und die Ruhe der Gegend auf diese Weise genießen.

Kultur

Woltersdorfer Aussichtsturm
Verschönerungsverein e. V.
Tel. 033 62/229 11; 615 62 (Anmeldung);
247 93 (Turm-Telefon)
Nov.–März: Sa, So 10–16 Uhr, nach Vereinbarung
auch Mi; Apr.–Okt.: tgl.

Gastronomie

Liebesquelle
Restaurant und Biergarten
Brunnenstraße 2
15569 Woltersdorf
Tel. 033 62/53 40
Fax: 033 62/242 45

Knappe
Café-Restaurant und Promenaden-Café
Schleusenstraße 32
15569 Woltersdorf
Tel. 033 62/51 63

Gastronomie

Hotel Kranichsberg
An der Schleuse 3–4
15569 Woltersdorf
Tel. 033 62/794-0
Fax: 033 62/794-122

Freizeit

Wassersport- und Freizeit-Station
Bootsverleih
Strandpromenade 7
15569 Woltersdorf
Tel. 033 62/50 00-16
Fax: 033 62/50 00-17

Fahrräder Gebrüder Wurster
Radverleih
Schleusenstraße 62
15569 Woltersdorf
Tel. 033 62/58 62-0, -20
Fax: 033 62/50 27 52

Mit den Öffentlichen/dem Rad unterwegs

ÖPNV
– S5 nach Hoppegarten, Neuenhagen, Strausberg, Strausberg-Stadt, Hegermühle, Strausberg-Nord
– R26 bis Bhf. Strausberg
– Bus 950 ab Bhf. Strausberg durch Hennickendorf nach Rüdersdorf und Woltersdorf
– Tram 88 ab S-Bhf. Berlin-Friedrichshagen bis Rüdersdorf
– Tram 87 ab S-Bhf. Berlin-Rahnsdorf bis Woltersdorf, Schleuse

Schiffsverbindungen
Woltersdorf und Rüdersdorf sind mit dem Schiff zu erreichen, zum Beispiel von Erkner, Berlin-Friedrichshagen und -Köpenick.

Fahrradtouren
- Ab Bhf. Strausberg bis Kirche Eggersdorf, westlich des Dorfes durch den Wald zum Bötzsee, rechts über die Altlandsberger Chaussee, links durch das Postbruch bis Spitzmühle, wahlweise um den Fängersee herum oder gleich von Spitzmühle zum Südende des Straussees, von dort zur S-Bahn Hegermühle oder westlich des Straussees bis Strausberg-Nord (Alter Gutshof)
- Ab Bhf. Strausberg Richtung Hennickendorf bis Torfhaus, weiter am Westufer des Stienitzsees und Mühlenfließes bis Rüdersdorf, östlich von Kalk- und Flakensee bis Bhf. Erkner

Zu Fuß und im Wasser

Wandern
- Ab Fähre Strausberg nach Spitzmühle und zurück über Friedrich-Schiller-Höhe nördlich des Sees bis Bhf. Strausberg-Nord (Altes Gut)
- Ab Bhf. Hegermühle um den Herrensee
- Ab Bhf. Strausberg östlich und dann südlich durch die Dammwiesen bis Hennickendorf (Busse 936, 950, 955 zurück bis Bhf. Strausberg / Restaurant Waldidyll)
- Von Rüdersdorf Busbahnhof östlich des Kalksees bis Woltersdorf, ab hier entlang des Flakensees bis Erkner

Baden
- Bötzsee, Südwestecke und Ostufer
- Straussee, vier Badestellen
- Stienitzsee, Ost- und Westufer
- Kalksee, Ostufer im OT Seebad Rüdersdorf
- Flakensee, Westufer

4 Das Grünheider Wald- und Seengebiet

Die Ortschaften der Route

Erkner, Grünheide, Kagel

Das Ausflugsgebiet

Das Löcknitz-Tal des namensgebenden Flüsschens und die parallel verlaufende Seenkette sind wunderschöne Wandergebiete mit blauem Wasser und tiefen, einsamen, dichten Wäldern. Im zentral gelegenen Grünheide können sich die Ausflügler in den zahlreichen Gasthöfen stärken. Ausgangspunkt ist das Städtchen Erkner – hier und in Grünheide haben Literaten wie Gerhart Hauptmann ihre Spuren hinterlassen.

Erkner

Erkner ist ein recht junger Ort; 1579 wird erstmals ein Fischerhaus am Flakensee erwähnt. Bis nach 1700 standen »auf dem Erckner« nur sieben Häuser, immerhin gab es 1712 eine Post – eine Pferdestation auf dem Weg von Berlin nach Frankfurt.

Die 1842 eingeweihte Eisenbahn machte zwar das Pferdewechseln überflüssig, war aber zugleich die Voraussetzung für den Aufschwung des Ortes in der zweiten Hälfte des 19. Jahrhunderts. So wurde 1860 ein Teerwerk gegründet, in dem erstmals in Europa die industrielle Destillation von Steinkohlenteer erfolgte und das bis in die Nachwendezeit östlich des Bahnhofes arbeitete. Von den ehemaligen Bakelit-Werken, zu DDR-Zeiten Plasta, sind in der Flakenseestraße 28–31 Produktions- und Verwaltungsgebäude zu sehen. Leo Hendrik Baekeland gründete hier 1910 die erste Kunststoff-Fabrik der Welt, von der noch ein Restbetrieb des heutigen schwedischen Eigentümers arbeitet. Plasta stellte hier nach dem Krieg unter anderem den Grundstoff für die Trabant-Autokarosserien her.

Das Ortszentrum Erkners wurde 1944 durch einen Bombenangriff zerstört. Erhalten blieb unter anderem die neugotische **Genezareth-Kirche** von 1897 und ein Maulbeerbaum gegenüber dem Rathaus. Eine ganze Plantage dieser Bäume ließ Friedrich II. hier im 18. Jahrhundert für die Seidenraupen anlegen. Eine Gaststätte mit entsprechendem Namen, **Zum Maulbeerbaum**, offeriert gleich neben dem Rathaus kroatisch-internationale Küche. Der Biergarten liegt zur Straße hin; der Wintergarten – und eine geplante zweite Terrasse – zu Rathauspark und See.

Die Vorortbahn von Berlin brachte Erholungssuchende ab 1882 in das reizvoll gelegene Erkner zwischen Flaken- und Dämeritzsee – eine Umgebung, die die rund 12 000 Einwohner auch heute noch schätzen. Zu den frühen Zuzüglern gehörte der Flügel- und Klavierbauer Carl Bechstein, dessen Firma sich heute am Berliner Moritzplatz befindet. Das jetzige Rathaus von Erkner war die **Sommervilla Bechsteins**, sein Park liegt hinter dem Haus.

Zwei andere Ruhe suchende Neubürger zogen 1885 nach Erkner: der Schriftsteller Gerhart Hauptmann und seine Frau Marie, die aus ihrem kaufmännischen Erbe für den Lebensunterhalt sorgte. Hauptmann war lungenkrank und setzte auf die Erknersche Teerfabrik, deren Dünste ihm laut Arzt gut tun sollten. Noch in späten Jahren erzählte er, dass Erkner ihn gerettet habe.

Unweit der Einmündung der Fürstenwalder Straße (nach Grünheide) in die Friedrichstraße ist im ehemaligen Wohnhaus der Familie, das damals noch am Waldrand lag, heute das **Gerhart-Hauptmann-Museum** eingerichtet. Bis 1889 schuf Hauptmann in Erkner unter anderem sein erstes Drama »Vor Sonnenaufgang« sowie die Novellen »Fasching« und »Bahnwärter Thiel«. Thiel arbeitet an der Strecke südwestlich Erkners. Hauptmanns Werk »Die Weber« wurde später von der kaiserlichen Zensur verboten. Hauptmann stellte ganz offen die Armut und das Elend einfacher Menschen dar – das störte gewisse Leute. Aber anderen gefiel es: Hauptmann bekam Besuch von Mitgliedern des Friedrichshagener Dichterkreises. Nicht sehr kaisertreu aussehende Gestalten wie Bruno Wille und Wilhelm Bölsche, aber auch der Maler Walter Leistikow wurden von Erkners Amtsvorsteher Oscar von Busse bespitzelt. In dem von ihm Diebskomödie benannten »Biberpelz« führt Hauptmann den Busse in der Gestalt des

Amtsvorstehers Wehrhahn vor – dessen wortgewaltige Hilflosigkeit kann eine flinke Zunge aus dem Volk, Mutter Wolff, leicht manipulieren.

Im Museum ist auch das **Ivo-Hauptmann-Archiv** untergebracht, denn Erkner ist zugleich der Geburtsort von Hauptmanns ältestem Sohn, dem 1973 verstorbenem Maler Ivo Hauptmann, der unter anderem auch Ehrenpräsident der Freien Akademie der Künste zu Hamburg war.

Nun greife man (im Winter) nach der Hauptmannschen Novelle »Fasching«, die auf dem (tragischerweise nicht ganz) zugefrorenen Flakensee gleich nebenan spielt, und setze sich in eine leere Gaststätte. Oder nehme (im Sommer) den nicht minder tragischen »Bahnwärter Thiel«, suche sich ein ruhiges Plätzchen im Wald und tauche ein in die eindringliche Beschreibung damaliger Schwermütigkeit und märkischer Einsamkeit.

Wer jedoch nicht allzu einsam essen und trinken möchte, der begebe sich – vom Museum aus jenseits von Bahn und Löcknitz – direkt am Wasser in die Gaststätte **Löcknitz-Idyll**. Verkehrsgünstig an der Straße gelegen, befindet sich an der Gaststätte auch eine der beiden Anlegestellen der Fahrgastschifffahrt in Erkner. Das Löcknitz-Idyll verfügt über einen sehr großzügigen Biergarten für über 300 Personen, hat aber für kühlere Tage im hinteren Teil auch einen Wintergarten zum Wasser hin.

Gemeindeverwaltung Erkner
Friedrichstraße 6–8
15537 Erkner
Tel. 033 62/79 50

Gerhart-Hauptmann-Museum
Gerhart-Hauptmann-Straße 1–2
15537 Erkner
Tel. 033 62/36 63
Di–So 11–17 Uhr

Gastronomie

Zum Maulbeerbaum
Restaurant und Biergarten
Friedrichstraße 9
15537 Erkner
Tel. 033 62 / 758 80

Löcknitz-Idyll
Restaurant und Biergarten
Fangschleusenstraße 1
15537 Erkner
Tel. / Fax: 033 62 / 36 14

Freizeit

Bootshaus am Dämeritzsee
Bootsverleih
Werftstraße 9–10
15537 Erkner
Tel. 033 62 / 30 02
Internet: www.bootshaus-erkner.de

Grünheide und Kagel

Grünheide wurde nachweislich erst 1662 dauerhaft besiedelt, also relativ spät. Von der Verwunschenheit und Einsamkeit des waldreichen Gebietes ist noch heute viel zu spüren. Der Bauschreiber des Großen Kurfürsten Friedrich Wilhelm, Johann Schlundt, und der Leibschneider der Kurfürstin Luise Henriette, Johann Berends, erhielten das Recht, in Klein Wall an der Löcknitz eine Sägemühle anzulegen. Die eigentliche Besiedlung setzte erst unter Friedrich II. ein, der 1749 Grünheide und 1750 Alt Buchhorst und Fangschleuse als Kolonien anlegen ließ.

Klein Wall liegt an der alten Löcknitz, die sich südlich der Seenkette durch eine sumpfige Niederung schlängelt und ihr Wasser unter anderem aus dem Elsen-, Baberow-, Bauern- und Liebenberger See im Nordosten bezieht. Kies-, Möllen-, Peetz- und Werlsee haben über die schiffbare Neue Löcknitz Anschluss zur Löcknitz und zum Flakensee. Im Grünheider Wappen stehen acht blaue Linien für die Seen – dazu gesellt sich eine halbe Schildkröte, die die in Europa seltene, hier jedoch lebende Sumpfschildkröte darstellt. Und diese freut sich gewiss über die vielen Seen auf dem Grünheider Amtsgebiet. Das misst an den breitesten Stellen sieben mal acht Kilometer, auf dieser Fläche verteilen sich gerade mal rund 2500 Einwohner – und das direkt bei Berlin, die westliche Amtsgrenze bildet der Berliner Ring der Autobahn.

Einige Persönlichkeiten aus der gut verteilten Einwohnerschaft sind jedenfalls eine Erwähnung wert, so **Robert Havemann**, Professor für Physikalische Chemie, der mit Familie in der Burgwallstraße 4 in Alt Buchhorst wohnte. Havemann, der für die KPD im Widerstand gewesen war, saß zur NS-Zeit im Zuchthaus Brandenburg – wie auch Erich Honecker. Anders als Honecker meinte Havemann: »Sozialismus ohne Demokratie ist nicht zu realisieren ...« Zwischen 1976 und 1979 wurde Havemanns Grundstück in Alt Buchhorst streng bewacht, und der ehemalige Mithäftling ließ es geschehen, dass jemand unter Hausarrest gestellt wurde, nur weil er sozialistisch dachte. Havemann ist auf dem Grünheider Waldfriedhof beerdigt.

In der Villa Alexander in Grünheide, Waldeck 4, lebte von 1921 bis zur Vertreibung durch die Faschisten 1938 der produktivste Dramatiker des Expressionismus, **Georg Kaiser**, zusammen mit seiner Frau Margarethe, geborene Habenicht, einer wohlhabenden Kaufmannstochter.

Im Jahr 1938 ging auch **Ernst Rowohlt** ins Exil; seine Verlegervilla steht in der Karl-Marx-Straße 1, wo auch sein Freund und Lektor, der Schriftsteller **Ernst von Salomon**, zu Gast war. Salomon, politisch rechts außen, am Kapp-Putsch und der Ermordung Rathenaus beteiligt, wurde zur Zeit der Ersten Republik zu einer Haftstrafe verurteilt. Er wohnte 1933 auf dem Gelände des Gasthauses Am Peetzsee, das aus seinem ironischen Entnazifizierungs-Roman »Der Fragebogen« gern die Stelle zitiert, in der das Gasthaus erwähnt wird. Davon abgesehen, sind **Hotel und Gaststätte Am Peetzsee** jedoch sehr empfehlenswert. Das Grundstück liegt zwischen Werl- und Peetzsee, dem letzteren zugewandt. Der großzügige Biergarten erstreckt sich unter alten Bäumen gleich neben der Ausflugsdampfer-Anlegestelle. Die Gaststätte wurde 1898 eröffnet; ein zwölf Jahre später angefügtes Hotel hatte für den Sommerbetrieb nur offene Galerien, sie sind mittlerweile geschlossen. Innen lohnt ein Blick in den

großen Saal und die hölzerne Veranda, die die Betreiberin Jutta Lah-
mann im alten Charme rekonstruieren ließ. Der Fisch auf dem Tisch
wird direkt aus einem Fischkasten im Peetzsee gezogen.

Gleich nebenan steht die evangelische Kirche Zum Guten Hirten,
ein neuromanischer Backsteinbau von 1892.

Etwas weiter südlich führt die Straße Am Schlangenluch links zum
Südufer des Peetzsees. Hier findet man die Terrasse und das Restaurant des **Hotels Seegarten**. Das Haus mit Türmchen wurde als
Villa 1920 gebaut, diente als Magazin und Tante-Emma-Laden. In
den 1950er Jahren machte die SED daraus ein Austauschobjekt –
soll sagen, dass Funktionäre der westdeutschen DKP hier (!) etwas
über den real existierenden Sozialismus erfuhren. 1985 erst schuf
man den Anbau, der seit 1997 unter anderem das angenehme Restaurant mit frischer Küche beherbergt. Das abwechslungsreich be-
pflanzte Grundstück neigt sich dem See zu. Der Seegarten vermietet
auch hauseigene Boote und Fahrräder. Die Straße etwas weiter hinab
öffnet sich die nächstgelegene **Badestelle am Peetzsee.**

An der **Gaststätte Am Peetzsee** legen neben den Stern-und-Kreis-
Schiffen aus Berlin auch die Schiffe der größten (und einzigen) Grünheider Reederei an: Familie Kutzker befährt die Löcknitz-Gewässer
und den Müggelsee seit 1910 nunmehr in der sechsten Generation.
Die Vorfahren steuerten Frachtschiffe, somit ist man in der achten
Generation auf dem Wasser unterwegs. Die Schiffe »Rhein« von 1928
und »Elbe« von 1926 bilden die Flotte; die »Elbe« war durchgehend
in Familienbesitz. Die Reederei hat ihren Stammsitz in Alt Buchhorst,
zwischen Peetz- und Möllensee.

Auch am Werlsee lädt ein reizvoller Biergarten zur Erholung. An
der Stelle, wo die Neue Löcknitz den See westlich verlässt, hat die
Gaststätte am Werlsee in grünem Rasen kleine Plätze befestigt, von
denen man Richtung See schauen kann; das Grundstück stößt eigentlich direkt auf die Neue Löcknitz.

Nach dem Peetzsee nochmals drei Seen weiter findet man **Kagel**.
Kagel war Wirtschaftshof des Zisterzienserklosters Zinna. Die Mönche, die den Rüdersdorfer Kalkstein entdeckten, sollen von hier gekommen sein.

Die gelbliche Backstein-Dorfkirche im Schinkelschen Rundbogenstil wurde im Jahr der ersten deutschen Wiedervereinigung, 1871, ein-

geweiht. Älter ist die Dorfschmiede, sie ist über 150 Jahre alt. Diesem Bauwerk und seinem Eigentümer hat – wiederum – Gerhart Hauptmann ein literarisches Denkmal gesetzt. In Kagel besuchte Hauptmann seinen Schwager Moritz Heimann, seines Zeichens Lektor, Schriftsteller und Kritiker – da erfuhr er, dass der Kageler Schmied geheimnisvolle Brände im Nachbarort Kienbaum beobachtet hätte. Das gab 1901 den Stoff für die Tragikomödie »Der Rote Hahn«, in dem die Schmiede, der Schmied als Schmiede- und Spritzenmeister Langheinrich und Moritz Heimann als Arzt Dr. Boxer auftreten beziehungsweise zu erkennen sind – außerdem gibt es ein Wiedersehen mit dem bereits erwähnten Amtsmann Wehrhahn und Mutter Wolff. An einsamen Seen zwischen tiefen Wäldern trifft man auf sozialkritische Literatur von Rang. Solche scheinbaren Widersprüche sind typisch für das Berliner Umland. Die Lektüre führt zudem zum Charakter des Landes. Hauptmann fängt eindrücklich den Dialekt, die Naturschönheiten und die Atmosphäre der Gegend ein. Wie sagte er 1908 an des Malerfreundes Leistikows Bahre: »Wenn es erlaubt ist, im Gleichnis zu reden, so möchte ich sagen, dass seine Künstlerseele etwa dem ruhigen Spiegel eines märkischen Sees glich, der die ganze Melancholie unserer Heimat widerspiegelt. (...) Solange Berlin, die gefährliche Riesenstadt, sich nicht selbst vergisst, wird es auch des Mannes nicht vergessen, der die düstere Kraft, Anmut und Monotonie seines breiten Wälder- und Seengürtels geliebt und den Sinnen erschlossen hat. (...) (Seine Kunst) war phrasenlos. Sie strömte, ähnlich der schlichten Daseinskraft der Natur, die abgeklärteste Ruhe aus.«

Im Löcknitztal lässt sich gut spüren, was Hauptmann meinte. Hier war Leistikow schließlich viel unterwegs und fand seine Motive. Deshalb gibt es südlich der Straße Grünheide-Erkner auch einen **Leistikow-Weg** nach Gottesbrück.

Am Peetzsee
Restaurant und Hotel, Rad- und Bootsverleih
Karl-Marx-Straße 9
15537 Grünheide/Mark
Tel. 033 62/227 26 29
Fax: 033 62/227 30
Internet: www.Peetzsee-Hotel.de

Gastronomie

Seegarten
Restaurant und Hotel
Am Schlangenluch 12
15537 Grünheide
Tel. 033 62/796 00
Fax: 033 62/796 28 90

Am Werlsee
Restaurant und Biergarten
Eichenallee 9
15537 Grünheide
Tel. 033 62/50 36 04
Fax: 033 62/50 35 94

Freizeit

Radverleih Friedrich
An der alten Schule 1
15537 Grünheide
Tel. 033 62/62 71

Reederei Kutzker
Waldpromenade 10
15537 Grünheide
Tel. 033 62/62 51
Funk: 0172/368 34 20

Mit den Öffentlichen/dem Rad unterwegs

ÖPNV
– RE1, S3 bis Erkner
– Bus 429 bis Kagel

Schiffsverbindungen
Erkner, Grünheide, Fangschleuse und Alt Buchhorst sind von Berlin
mit dem Schiff zu erreichen

Fahrradtouren
- Ab Bhf. Erkner Straße nördlich der Seenkette über Grünheide und Alt Buchhorst bis Kagel, weiter nördlich von Kagel bis Bhf. Rehfelde (RB26)
- Ab Friedhof Erkner (Oberförstereiweg) unter der Autobahn (Froschbrücke) hindurch und südlich der Alten Löcknitz bis zur Straße von Spreeau, links nach Grünheide, rechts Am Schlangenluch, links Alt Buchhorst, weiter bis Kagel

Zu Fuß und im Wasser

Wandern
- Leistikow-Weg: Ab Löcknitz-Idyll an der Löcknitz um den Wupatzsee herum und über den Fluss, rechts über den Hubertussteg, links in das Löcknitztal (Oberförstereiweg), Autobahnbrücke passieren (Froschbrücke), nach Gottesbrück zum Werlsee, vom Werlsee bis zur Großen Wallbrücke, dann links nach Grünheide oder hinter der Brücke schräg rechts den Bahnhofsweg Richtung Alt Buchhorst, am Südlichen Siedlungsrand zur Kiesbrücke/Kiessee, links um den Möllensee zurück nach Alt Buchhorst
- Von Alt Buchhorst den Weg nach Klein Wall, von hier abwärts an der Löcknitz bis Erkner, weiter ab Löcknitz-Idyll am östlichen Ufer des Flakensees bis Schleuse Woltersdorf
- Nordwestlich vom Priestersee den Rüdersdorfer Weg geradeaus nach Norden, links (unter der Autobahn hindurch) den Woltersdorfer Weg bis Schleuse Woltersdorf

Baden
- Flakensee, Ost- und Westufer
- Dämeritzsee, Ostufer Nähe Bhf. Erkner
- Werlsee, Nordwest- und Südostufer
- Peetzsee, Südostufer (Schlangenluch)
- Möllensee, in der Mitte des Nordwestufers gegenüber dem Kieskanal, am Südostufer in Neu-Finkenstein, am nordöstliches Ende
- Kiessee, Nordecke

Südlich Berlins in den Teltow

5 Im Dahmeland

Königs Wusterhausen, Senzig, Gussow, Prieros, Motzen, Kallinchen, Mittenwalde, Schenkendorf, Krummensee, Zeuthen

Südwestlich Berlins durchfließt der wichtigste Nebenfluss der Spree – die Dahme – ein seenreiches Gebiet. Wasser spielt hier die Hauptrolle; entsprechend findet man zahlreiche Badestellen, Dampferanlegestellen, Bootsverleihe, Schleusen und immer wieder Gasthäuser am Ufer. Darüber hinaus trifft man auf den Geburtsort des deutschen Radios, den Sterbeort Rudolf Mosses, Gärten, Wälder und einen See, um den ein ganzes Dorf betrogen wurde. Östlich der Dahmeniederung grenzen die Hochflächen des Teltow an.

Königs Wusterhausen

Nähert man sich Königs Wusterhausen von Westen, zum Beispiel ab Berlin über die Autobahn Richtung Spreewald, erwartet einen zunächst **Deutsch Wusterhausen** mit seinem reizvollen Dorfanger. Die spätromanische Kirche aus dem frühen 13. Jahrhundert steht für die lange Geschichte des Ortes, der 1974 nach Königs Wusterhausen eingemeindet wurde. Der Mensch wundert sich: Ein Wusterhausen ist deutsch, eines ist königlich? Ein Blick in die Stadtgeschichte klärt das Erstaunliche: Das ehemalige Wendisch Wusterhausen war unter Friedrich Wilhelm I. Nebenresidenz des Königs und wurde deshalb im 18. Jahrhundert umbenannt. Davon erzählt das dortige Schloss.

Doch bevor man sich östlich von Deutsch Wusterhausen in die Kurve schlosswärts legt, lohnt ein Abstecher links den **Funkerberg** hinauf. 1914 wurde hier eine Funkergarnison eingerichtet; nach dem Krieg übernahm die Reichspost die Anlage, und am 22. Dezember 1920 wurde aus dem Funkamt Königs Wusterhausen als erste öffentliche deutsche Radiosendung ein Konzert ausgestrahlt. Mehr über die Geschichte des Deutschen Rundfunks erfährt man im **Funkmuseum** auf dem Berg. Zur Sammlung gehören eine Nachstellung des ersten deutschen Rundfunkstudios mit Sendeanlagen der 1930er bis 1970er Jahre sowie ein großes Modell des Funkerbergs im Zustand von 1935. Von dem damaligen Wald aus 22 Türmen und Masten ist einzig der 210 Meter hohe Mast gegenüber dem Museum erhalten.

Für den Ausflügler gibt es einen sehr trostreichen Funkturmersatz: **Der Turm – Café und Galerie Funkerberg**. Man muss kein Funkfan sein, um sich hier wohl zu fühlen, denn es geht – passend im Dahmeland – um Wasser. Der Wasserturm wurde 1910 erbaut. Bis 1965 in Betrieb, verfiel er anschließend, bis Anfang der 1980er Jahre Bürger erste Sanierungsmaßnahmen ergriffen. Mittlerweile ist ein reizendes kleines Turmcafé mit einem großen Biergarten eingerichtet, das auch Konzerte und Lesungen veranstaltet. Wer den Wirt fragt und die 33 Meter den Turm hinauf nicht scheut, wird mit einem weiten Ausblick belohnt. Der Blick geht auch hinunter auf das grüne Zentrum von Königs Wusterhausen, häufig nur KW genannt.

Hier steht das berühmteste Bauwerk der Stadt, das **Jagdschloss** des Soldatenkönigs. Friedrich I. schenkte Gut und Land seinem Sohn 1698 zu Weihnachten. Eine hübsche Geschenkidee für ein zehnjähriges Kind: Kurprinz Friedrich Wilhelm bekam unter anderem zehn strohgedeckte Hütten mit achtzig Einwohnern – größer war die Siedlung nicht. Wichtiger für seine spätere Jagdleidenschaft war die Dubrow anbei, eine wald-, wasser- und folglich wild- und fischreiche Gegend.

Das vorhandene »Feste Haus« ließ Friedrich Wilhelm I. zum Jagdschloss umbauen. Es fällt vor allem durch seine Bescheidenheit auf und erzählt damit viel vom calvinistisch geprägten Charakter des Herrschers, der den Preußenmythos begründete. Nach dessen Regierungsantritt 1713 wurde das Gut durch Zukauf vergrößert. Mindestens zwei Monate im Jahr verweilte der König hier und veranstaltete seine Jagden, bei denen es in bewusster Abkehr von steifer höfischer Etikette und im Gegensatz zum barocken Hof des Vaters oft eher derb und grob zuging, so in des Königs berühmten Tabakskollegium. Besonders wenig gekünstelt war die Unterzeichnung des Todesurteils für den Leutnant von Katte 1730 im Schloss, mit dem Friedrich Wilhelm dem Fluchthelfer seines Sohnes das grausame Schicksal zukommen ließ, das er ursprünglich auch für den Kronprinzen vorgesehen hatte.

Nach des Soldatenkönigs Zeiten wurde das Schloss erst wieder unter Wilhelm I. von einem regierenden Monarchen genutzt. Dieser ließ es 1861 abermals umbauen; große Teile der Fassade wurden nach Plänen des Fürsten Pückler begrünt. Bis 1913 veranstaltete man von hier aus die herbstlichen Hofjagden, ab 1927 war das Schloss Jagdmuseum.

Nach dem Krieg diente es die längste Zeit als Verwaltungsgebäude für den Rat des Kreises. Heutige Kreisstadt des 1993 gebildeten Kreises Dahme-Spreewald ist Lübben. In KW dagegen wurde das durch die Stiftung Preußische Schlösser und Gärten sanierte Haus als **Schlossmuseum** im September 2000 wieder eröffnet. Es zeigt unter anderem naive Malerei von Friedrich Wilhelm I.; der Garten wurde in Grundzügen wiederhergestellt. Einlass erhält man nur mit Führungen, diese wiederum können auf Stunden hinaus ausgebucht sein.

Eine eventuelle Wartezeit kann man sich jenseits des 1865 eingeweihten Nottekanals verkürzen. Hier liegt unweit der Schleuse an der Brücke der B179 auch ein Jagdschloss – in Form des **Restaurants Jagdschloss 1896**. Ein Lokal gleichen Namens gab es an dieser Stelle tatsächlich schon 1896; nun versucht man, dezent an den Jugendstil der Jahrhundertwende anzuknüpfen. Mit Zeitungen, Spielecke und frischer Karte lockt das im Frühjahr 2000 eröffnete Haus, aber auch mit der Terrasse zum Nottekanal, hinter dem der Schlosspark grünt. Der ehemalige Treidelweg unter der Terrasse, auf dem die Schiffe gezogen wurden, ist für Spazierende neu gestaltet. Mitten in KW sitzt man hier im Grünen – und über dem Wasser. Vom Restaurant Jagdschloss führt die Bahnhofstraße zum neuromanischen Backsteinbau des Bahnhofs, 1870 im Rundbogenstil erbaut. Hier endet die S-Bahn aus Berlin, und die **Touristeninformation** gibt Auskunft.

Zusätzliches Wissen über die Stadt bietet das **Heimatmuseum** am Schloss. Hier liegt auch der **Kirchplatz**, früherer Exerzierplatz für die Langen Kerls des Soldatenkönigs. Das Riesen-Regiment mit Gardemaß über 1,80 Meter – damals gewaltig groß – war des Königs liebstes und teuerstes Hobby. Sonst so bescheiden, gab er für die Männer aus ganz Europa Unsummen aus, ob gekidnappt oder gekauft spielte keine Rolle. Ihre Wirkung auf den Feind konnte nicht recht ausprobiert werden: Der Soldatenkönig ließ »nur« einen Krieg führen (in dem der »Alte Dessauer«, Leopold, für ihn Pommern von den Schweden eroberte). Friedrich Wilhelms Sohn und Nachfolger Friedrich II. löste das Regiment sofort auf.

Wer sich in die alten Zeiten zurückversetzen möchte, kann sich von einem »Langen Kerl« in preußischer Uniform des Soldatenkönigs die Stadt zeigen lassen (Vermittlung auf Anfrage durch den Fremdenverkehrsverband).

Die evangelische Kreuzkirche am Platz baute man, nachdem KW 1643 durch Schweden verwüstet worden war, 1697 neu. Der einfache Rechteckbau wurde 1758 vergrößert und 1822 im neuromanischen Stil neu gestaltet, nun mit Turm.

Eine der größten Sehenswürdigkeiten der Stadt ist die Brandenburgische Schule für Blinde und Sehbehinderte aus dem Jahr 1900. Der imposante, neugotische Komplex versammelt – an der Luckenwalder Straße Richtung Schenkendorf gelegen – vier Wohngebäude um das schlossähnlich dekorierte Haupthaus.

Östlich der Innenstadt mündet der Nottekanal in die Dahme. Die Dahme ist der wichtigste Nebenfluss der Spree; er misst 108 Kilometer, macht zahlreiche Kurven, erweitert sich zu Seen, wurde stückweise zum Umflutkanal und nennt sich in KW für ein kurzes Stück Staabe.

Die Straße von KW nach Niederlehme führt über die Staabe, an der Schleuse in **Neue Mühle** vorbei. Hier legen Schiffe aus Berlin an und bringen **Riedels Landgasthof** Gäste – andere kommen mit Reisebussen. Ursprünglich stand hier eine Gutswirtschaft mit Mühle, bis Gastwirt Robert Riedel die heute hundertjährige Tradition des Ausflugsziels begründete. Der mehrere hundert Plätze fassende Biergarten liegt in Sichtweite der neuen Kammerschleuse von 1868. Die alte Schleuse soll errichtet worden sein, weil die ständig wechselnden Wasserstände der Staabe den Betrieb der hiesigen Mühle behinderten. Ein zur alten Mühle gehöriges Feldsteingebäude verfällt leider. Vom Landgasthof lohnt ein Dampferausflug über die Dahmeseen.

Den südlich anschließenden **Tiergarten** ließ – wie auch die Mühle – Friedrich Wilhelm I. anlegen, und zwar im Jahr 1725 als Wildgehege. Der alte Laubwald läuft, umgeben von Staabe und Krimnicksee, westlich im Husareneck aus. Rechts sieht man Senzig und dahinter den Spitzberg, links das **Strandbad** mit Wasserrutsche an der Küchenmeisterallee.

Die Küchenmeisterallee im Ortsteil Neue Mühle ist benannt nach ihrem früheren Besitzer, einem Landvermesser, der eine Wohnanlage bauen und einen Park anlegen ließ. Auf dem Areal wurden ein paar Tonstich-Teiche und die Staabe mit kleinen, von sechs Brücken überspannten Kanälen verbunden. **Klein Venedig** nennt sich das Areal in märkischer Bescheidenheit.

Touristen-Information

Am Bahnhof
15711 Königs Wusterhausen
Tel. 033 75 / 25 20-19
Fax: 033 75 / 25 20-28
E-Mail: info@touristinfo-koenigs-wusterhausen.l-d-s.de
Internet: touristinfo-koenigs-wusterhausen.l-d-s.de
Mo–Fr 6.30–18 Uhr, Sa 9–13 Uhr

Sender- und Funktechnikmuseum KW

Funkerberg, Haus 1
15711 Königs Wusterhausen
Tel. 033 75 / 29 47-55
Fax: 033 75 / 29 47-54
Internet: www.senderkw.de
Di, Do 9–15.30 Uhr, Sa, So 13–17 Uhr;
Führungen nach Vereinbarung

Kultur

Schloss Königs Wusterhausen
Schlossplatz 1
15711 Königs Wusterhausen
Tel. 033 75 / 21 17 00
Di–So 10–17;
Einlass nur mit Führung

Heimatmuseum
Heimatverein Königs Wusterhausen 1990 e. V.
Schlossplatz 7
15711 Königs Wusterhausen
Tel. 033 75 / 29 30 34
Di–Sa 10–16 Uhr

Gastronomie

Der Turm – Café und Galerie Funkerberg
Am Funkerberg
15711 Königs Wusterhausen
Tel. / Fax: 033 75 / 29 09 32

Restaurant Jagdschloss 1896
Bahnhofstraße 25
15711 Königs Wusterhausen
Tel. 033 75 / 20 07 00
Fax: 033 75 / 29 38 29

Riedels Landgasthof
Restaurant und Biergarten
Tiergartenstraße 2
15711 Neue Mühle
Tel. 033 75 / 29 47-37
Fax: 033 75 / 29 47-38

Freizeit

Wenzel Auto & Fahrrad Shop
Radverleih
Bahnhofstraße 18
15711 Königs Wusterhausen
Tel. 033 75 / 29 07 24

Freizeit

Thomas Piede Balloon Adventures
Ballonfahrten im Berliner Umland
Potsdamer Straße 37
15711 Königs Wusterhausen
Tel. 033 75 / 29 32-30
Fax: 033 75 / 29 32-40
Funk: 0172 / 380 41 77
Internet: www.ballontour.de
(ab 300 Mark pro Person für 1,5 Stunden Fahrt
bei 4 Stunden Zeitaufwand)

Senzig und Gussow

Zwischen dem Tiergarten in Königs Wusterhausen und dem Zufluss der Dahme in den Krüpelsee liegt Senzig. Unweit des Zuflusses, an der Ecke Nixen-, Strandweg – also an höchst passender Adresse –, gibt es eine **Badestelle** und einen Bootsverleih. Die **Bootswerft Bindowbrück** findet man auf dem Weg von Senzig Richtung Bindow, vor der Dahmebrücke den Schildern folgend.

Schon vorher biegt südlich die Straße nach Gussow ab. **Gussow** liegt am Dolgensee, den die Dahme durchfließt. Hier unterhält die Dubrower Agrargesellschaft den **Kinderbauernhof Gutshof Gussow** – mit Streichelzoo, Ponys und einem Heuboden zum Toben. Im alten Kuhstall kann man einen Imbiss zu sich nehmen; auf Anfrage werden auch Kremserfahrten organisiert.

Einen Bootskremser vermietet nach vorheriger Buchung die Familie Jakob in der Dorfstraße 6 – **Seeterrasse und Mietboote Gussow**. Das überdachte 18-Personen-Gefährt wird nicht von ein oder zwei, sondern gleich von 75 Pferdestärken, die Benzin fressen, bewegt. Auch andere Wasserfahrzeuge werden verliehen. Ein eigentliches Gebäude gibt es auf dem Grundstück nicht, doch wollen Ruderwillige sich stärken, wird ein kleiner Imbiss mit Blick auf den See gereicht.

M. Quosdorf Bootswerft Bindowbrück
Bootsvermietung
Bindowbrück 1
15754 Senzig
(von Senzig Richtung Bindow, vor der Dahmebrücke
den Schildern folgen)
Tel. 03 37 67 / 804 19

Kinderbauernhof Gutshof Gussow
Imbiss, Streichelzoo, Ponyreiten, Kremserfahrten
(mit Anmeldung)
Feldweg 1
15754 Gussow
Tel. 03 37 63 / 634 81 (Dubrower Agrargesellschaft)
Fax: 03 37 63 / 664 84
Apr.–Okt.

Seeterrasse Gussow
Imbiss, Bootsverleih
Dorfstraße 6
15754 Gussow
Tel. / Fax: 03 37 63 / 618 83

Prieros

Südlich von Gussow erreicht man in Gräbendorf die Bundesstraße
246, die durch den Wald ostwärts nach Prieros führt. Man wird nicht
überrascht sein, abermals auf die Dahme zu treffen. Bis Prieros ist
auch die Fahrgastschifffahrt unterwegs. Die Anlegestelle befindet
sich unweit des Dorfangers am **Gasthaus zur Linde**, auf deren Terrasse sich Fahrgäste von der erholsamen Schiffsfahrt erholen können …

  Wer jedoch in Prieros etwas sehen möchte, findet am Dorfanger
die Kirche, ein neuromanischer Backsteinbau im Rundbogenstil aus
dem Jahre 1875, 1982 renoviert. In Sichtweite fällt ein weiß ver-
putztes Fachwerkhaus mit Reetdach auf. Das heutige **Heimathaus**
aus der Mitte des 18. Jahrhunderts hat der Lehrer Heinz Schulz in den

1950er Jahren vor dem Abriss bewahrt; es steht heute unter Denk-malschutz. Schulz trug zugleich den Grundstock der hier ausgestell-ten heimatkundlichen Sammlung zusammen. Hübsch ist auch der Bauerngarten vor dem Haus.

Wer mehr Garten sehen will, wird in Prieros schnell fündig. Pro-fessor Deters, ein inzwischen emeritierter Chemiker, hat auf seinem Privatgrundstück am Mühlendamm, zwischen Friedhof und Dahme, den **Botanischen Garten** von Prieros angelegt. Über 230 Sorten Na-delgehölze werden durch Feuchtbiotope und weitere Pflanzenfami-lien ergänzt. Führungen hält Herr Deters gern nach Anmeldung.

Doch nicht genug des Grüns. Der **Biogarten Prieros** gleich neben-an versteht sich als Klassenzimmer der Natur und stellt die typische Pflanzen- und Tierwelt des Naturparks Dahme-Heidesee vor. Ver-schiedene Beetformen, ein sehenswerter Kräutergarten und die Tipps zum biologischen Gartenbau für Kleingärtner locken ebenso wie die Biotope, die im Naturpark enthalten und hier anschaulich im Kleinformat zu erleben sind.

Die Verwaltung des **Naturparks Dahme-Heidesee** sitzt auch in Prieros. Sie informiert über die mehr als hundert Seen und ausge-dehnten Waldgebiete des Parks, die öffentlichen Wanderungen un-ter fachkundiger Führung sowie über das Haus des Waldes im Nach-bardorf Gräbendorf.

Außerhalb des Dorfes geht es von der Cottbusser Straße rechts nach Süden und dann links über die Alte Dahme zum Streganzer See. Das 1920 erbaute **Hotel Waldhaus Prieros** wurde zeitweilig auch von Wilhelm Pieck, bis zu seinem Tode 1960 Präsident der DDR, be-wohnt. Das grüne und großzügige Grundstück sowie die Terrasse der Villa liegen zum See hin; Boote und Räder können geliehen werden.

Tourismus Information Prieros
Poststraße 2
15752 Prieros
Tel. 03 37 68 / 506 -50
Fax: 03 37 68 / 506-51
Internet: www.prieros.de
Mo–Mi, Fr 10–12 Uhr u. 14–18 Uhr
sowie nach Vereinbarung

Heimathaus Prieros
Dorfaue 1
15752 Prieros
Tel. 03 37 68/501-44
Fax: 03 37 68/501-30
Mai–Sept.; Mo geschlossen

Botanischer Garten Prieros
Prof. Dr. Wolfgang Deters
Mühlendamm 12a
15752 Prieros
Tel.: 03 37 68/507 79
Mitte Apr.–Mitte Okt.: Führungen Mi, Sa, So 15 Uhr und
nach Vereinbarung

Biogarten Prieros
Mühlendamm 14
15752 Prieros
Tel. 03 37 68/504 55 (Büro)
Tel./Fax: 03 37 68/501 30
März–Okt.: Mo–Fr;
Apr.–Sept.: auch am Wochenende

Naturpark Dahme-Heideseen
Dorfstraße 8
15752 Prieros
Tel. 03 37 68/96 90

Haus des Waldes
15741 Gräbendorf
Tel./Fax: 03 37 63/644 44
E-Mail: hdw.graebendorf@t-online.de

Zur Linde
Restaurant, Schiffsanlegestelle
Dorfaue 10
Tel. 03 37 68 / 507 97
Fax: 03 37 68 / 510 73

Waldhaus Prieros
Hotel, Rad- und Bootsverleih
Waldstraße 1
15752 Prieros
Tel. 03 37 68 / 99 90
Fax: 03 37 68 / 502 52

Motzen

Am westlichen Rand des Dahme-Seengebietes liegt der Motzener See. Schon des Namens wegen fühlen sich viele richtige Berliner in Motzen wohl, scheint das Dorf doch nach einer ihrer Lieblingsbeschäftigungen zu heißen. Tatsächlich jedoch wurde das Dorf am Feuchtufer des Sees erbaut – was slawisch moczina und niederdeutsch Matsch ist, wurde zu Motzen.

Überhaupt nicht matschig, sondern neu gestaltet ist der Dorfkern mit der barocken St.-Martin-Kirche aus dem 18. Jahrhundert. Am Dorfanger mit 250 Jahre alten Ulmen, bei deren einer man den richtigen Durchblick bekommt, findet man auch das Haus des Gastes mit dem **Heimatmuseum**. Die Geschichte der Region um den Motzener See wird erläutert, eine alte Amtsstube von 1890 ist zu sehen, es wird von den Motzener Ziegeleien berichtet, und man erfährt etwas über die Motzener Kunststoffproduktion. Nordöstlich des Dorfkerns befinden sich Tonseen, Zeugen der Ziegelproduktion des 19. Jahrhunderts. Zum Motzener See hin liegt nördlich das **Seebad**.

Im **Café Seeblick** in der Mittenwalder Straße ist der selbst gebackene Kuchen im Sommer auf der Terrasse zu genießen. Westlich des Dorfes liegt an der Straße nach Bestensee das **Golfrestaurant Motzen**. Von der Terrasse geht der Blick über den Golfplatz Richtung Waldrand. Eine weitere Alternative zum Einkehren bietet das 1995 eröffnete (4-Sterne-)**Hotel Residenz** samt Restaurant an der südlichen Ortsausfahrt Richtung Töpchin. Märkische Stuben heißt das Restaurant des Hauses mit Wintergarten und Terrasse zum See hin.

Stärkung tut auch Not, denn wer nach Berlin will, hat noch etwas Weg vor sich: Die Postmeilensäule der Poststraße Berlin – Prag von 1820 weist am südlichen Ende des Dorfkerns von Motzen fünf preußische Meilen, also 37,66 Kilometer, Entfernung nach Berlin-Innenstadt aus. Doch wenn man nun schon am südlichen Ende Motzens steht, kann man auch gleich noch die andere Seeseite erkunden. Hier liegt das Dorf Kallinchen.

Kultur

Haus des Gastes mit Heimatmuseum Motzen
Karl-Marx-Straße 1
15741 Motzen
Tel. 03 37 69/206-21
Fax: 03 37 69/206-07
Mai–Sept.: Di–So 11–18 Uhr;
Okt.–Apr.: Mi–So 11–16 Uhr

Gastronomie

Café Seeblick
Mittenwalder Straße 83
15741 Motzen
Tel. 03 37 69/504 42

Golfrestaurant Motzen
Am Golfplatz 5
15741 Motzen
Tel. 03 37 69/501 31
(Betrieb bei Golfwetter)

Residenz am Motzener See
Restaurant und Hotel, Rad- und Bootsverleih
Töpchiner Straße 4
15741 Motzen
Tel. 03 37 69/85-0
Fax: 03 37 69/85-100
E-Mail: info@hotel-residenz-motzen.de
Internet: www.hotel-residenz-motzen.de

Kallinchen

Kallinchen befindet sich bereits im Kreis Teltow-Fläming. Ausflügler interessiert das eher wenig, doch im Alltag spielen Grenzen eine wichtige Rolle. Das betrifft nicht nur die heutige Tourismus-Werbung.

Im Jahre 1842, als vor dem Amtsgericht in Mittenwalde über den Verkauf mehrerer Seen verhandelt wurde, betrog der Fischer Johann Gottlieb Geißler aus Kallinchen die Motzener um ihren See. Die Motzener kamen zu spät, denn Geißler hatte den Wirt der Motzener mit einem Goldstück bestochen, die Uhr im Wirtshaus nachgehen zu lassen, sodass sie erst eintrafen, als der See schon verkauft war. Als später Ausgleich wurde durch die Bodenreform nach 1945 der See dem Gemeindegebiet Motzens zugeschlagen, dann zwischen den Kreisen salomonisch geteilt, sodass heute die Motzener Hälfte zum Landkreis Dahme-Spreewald und die Hälfte Kallinchens über Umwege in Landesbesitz kam. Der heutige Pächter arbeitet in Kallinchen am **Strandbad**.

An dem neu gestalteten Bad liegt das Restaurant **Strandcafé Arielle** in Form eines Schiffes; sozusagen im Oberdeck bietet die Dachterrasse einen Blick auf das grüne Grundstück. Hier unterhält der See-Pächter Peter Sombert seine Fischerei. Frisch geräucherten Fisch kann man probieren oder auch mitnehmen, außerdem sind Boote zu leihen.

In Kallinchen eröffnete einer der ältesten noch bestehenden deutschen Freikörperkultur-, sprich Nacktbadevereine am 1. Mai 1921 die Saison. Der **AKK** (Allgemeine Körperkultur) Birkenheide e. V. verfügt über ein Grundstück mit 750 Metern Uferstreifen. Wer dort baden will, muss nicht Vereinsmitglied sein. Nebenbei bemerkt: Die Motzener halten daran fest, dass das Nacktbaden bei ihnen bereits 1919 begann. Wie auch immer: Der Motzener See ist eine der nassen Wiegen der FKK-Bewegung unseres Landes.

Apropos nass: Verlässt man Kallinchen Richtung Norden, passiert man den Galluner Kanal, der die Schiffe mit den Steinen aus den drei Ziegeleien in Motzen und den fünf in Kallinchen zum Nottekanal, zur Dahme und damit nach Berlin trug.

Westlich der Kanalbrücke, auf dem Gebiet der Gemeinde Schöneiche, hat die Neukölln-Mittenwalder Eisenbahn, abgekürzt NME, in Jahren Unmengen Berliner Müll zum Schöneicher Plan gebracht. Von der NME, einer privaten Kleinbahn, sind in Mittenwalde noch Reste zu finden – in Berlin verkehrt sie noch. Der Müll, der auch zu DDR-Zeiten aus West-Berlin herangeschafft wurde, ist allerdings sehr präsent.

Gastronomie

Arielle
Café und Restaurant
Am Strandbad
15806 Kallinchen
Tel. 03 37 69 ⁄ 511 32

Strandbad Kallinchen
Fischräucherei, Strandbad, Bootsverleih
Am Strand
15806 Kallinchen
Tel. 03 37 69 ⁄ 509 25

Mittenwalde

Dort, wo der Galluner in den Nottekanal fließt, liegt Mittenwalde. Das versumpfte Gebiet am Nottefließ riegelte den Teltow früher nach Süden hin ab; im Mittelalter war Mittenwalde der einzige Übergang. Diesen verteidigte der askanische Markgraf von Brandenburg Otto III. gegen den Grafen Heinrich von Meißen in einer Schlacht im Jahre 1240.

In Mittenwalde findet man noch die Gaststätte, in der 1842 – zum Leidwesen der erwähnten Motzener Möchtegern-Seekäufer – die Uhr verstellt wurde: Ob es nun tatsächlich im Gasthof Zur Post, wie die einen sagen, oder in der Gaststätte Kniebandel, heute Hotel Yorck, wie die anderen meinen, stattfand, sei dahingestellt.

Mittenwaldes Reiz ist seine Überschaubarkeit. Hatte das Städtchen 1890 noch 2800 Einwohner, so sind es heute 2 200. Im kleinen **Stadtkern** fällt das Berliner Tor mit dem Turm aus dem 15. Jahrhundert ins Auge, daneben der Pulverturm und die Spitalkapelle St. Georg, die um 1394 entstand. Auch die gotische St.-Moritz-Kirche stammt aus dem Spätmittelalter, der auffällige Turm hingegen aus dem Jahre 1878.

Der neben Luther bedeutendste evangelische Liederdichter, **Paul Gerhardt**, war hier von 1651 bis 1657 als Probst tätig. Von seinen ins Evangelische Gesangbuch eingegangenen Liedern stammt über die Hälfte aus der Mittenwalder Zeit, darunter: »Wie soll ich dich empfangen«, »Ich steh an deiner Krippen hier«, »Du meine Seele singe«, »Befiehl du deine Wege«, »Geh aus mein Herz und suche Freud«, »O Haupt voll Blut und Wunden«. Gerhardts Leben an seiner ersten Pfarrstelle war eine Tortur. Landschaft und Stadt trugen noch an den Folgen des Dreißigjährigen Krieges. Die Stimmung in der Stadt war vergiftet, Neid und Intrigen umgaben ihn. Zwei Jahre nach der Heirat mit Anna-Maria Berthold starb seine Tochter Maria Elsbeth im Alter von acht Monaten. Ihre Grabtafel hängt in der Kirche. »Wenig und böse ist die Zeit meines Lebens«, zitiert diese den Jakob der hebräischen Bibel. Gerhardts Frau wurde schwermütig. Dann folgte die Berufung an die Kirche St. Nikolai in Berlin, wo Gerhardts kongenialer Komponist und Freund Crüger als Kantor arbeitete. Doch Crüger starb fünf Jahre später. Als der Lutheraner Gerhardt mit dem calvinistischen Großen Kurfürsten in Konflikt geriet, verwies Friedrich Wilhelm ihn des Landes. Im damals sächsischen Lübben fand er eine neue Pfarrstelle; seine Liedtexte zeugen von der Sehnsucht nach Sterben und Aufgenommensein bei Gott: »Was ist mein ganzes Wesen/von meiner Jugend an/als Müh und Not gewesen?/Solang ich denken kann,/hab ich so manchen Morgen,/so manche liebe Nacht/mit Kummer und mit Sorgen/des Herzens zugebracht«. Ebenfalls in Lübben dichtete er jedoch: »Gib dich zufrieden und sei stille in dem Gotte deines Lebens!/In ihm ruht aller Freuden Fülle, ohn ihn mühst du dich vergebens;/er ist dein Quell und deine Sonne, scheint täglich hell zu deiner Wonne./Gib dich zufrieden!«

Zu seinem 300. Geburtstag baute man das **Paul-Gerhardt-Haus** an der Straße nach Schenkendorf, heute Sitz der Amtsverwaltung. Es diente bis 1992 als Kreiskrankenhaus. Über der Tür grüßt ein Mosaik mit Gerhardts Bildnis. Betritt man das Haus, nennt rechter Hand ein weiteres Einlegwerk Namen und Einweihungsdatum des Hauses. Gegenüber hing ein drittes Mosaik, doch ab 1949 war diese Stelle blind. Als das Krankenhaus geschlossen wurde, übergab die Direktorin dem Heimatverein ohne Erklärung einen Karton mit Mosaiksteinen. Anlässlich der Wiederherrichtung des Hauses holte man den Karton aus dem Keller und fand, sorgfältig Buchstabe für Buchstabe in Umschläge sortiert, jene Schrift, die – inzwischen wieder angebracht – 1949 wohl nicht erträglich schien: »Befiehl dem Herrn deine Wege.«

Ein weiteres Mittenwalder Haus trägt den Namen eines bekannten Menschen. In der Yorckstraße 45 wurde 1806 ein Wohnhaus für den späteren General der Befreiungskriege **Yorck von Wartenberg** errichtet. Yorck tat hier als Kommandeur des Jäger-Regiments Dienst. Er war es, der im Dezember 1812 gegen den Willen des Königs mit der Konvention von Tauroggen das Signal für den Befreiungskampf gegen Napoleon setzte.

In derselben Straße findet man in einem Haus aus dem 18. Jahrhundert die Gaststätte **Café zur Post**. Im Sommer stehen Stühle und Tische auf der Yorckstraße, der selbstgebackene Kuchen wird das ganze Jahr serviert.

In einem etwa gleich alten Fachwerkhaus am Salzmarkt 5 will der engagierte Heimatverein mit seiner Ausstellung zur Geschichte der Stadt 2002 sein neues Domizil eingerichtet haben.

Südlich Mittenwaldes warten noch etwa ein Dutzend Scheunen im alten Scheunenviertel dringend auf Retter der Bausubstanz. Das nördlich gelegene – zweite – Scheunenviertel ist noch stärker zerstört; hier findet man ein halbes Dutzend der Kornspeicher, die aus Brandschutzgründen hinaus vor die Tore der Ackerbürgerstadt mussten. Gänzlich abgerissen wurde im April 1997 der nahebei gelegene Bahnhof der erwähnten Neukölln-Mittenwalder Eisenbahn NME.

Kultur

Heimatstube Mittenwalde
Salzmarkt 5
15749 Mittenwalde
Tel. 03 37 64 / 222 70

Gastronomie

Café zur Post
Yorckstraße 55
15749 Mittenwalde
Tel. 03 37 64 / 203 45
Mo geschlossen

Schenkendorf und Krummensee

In Schenkendorf liegt an der Ortsdurchfahrt nach Königs Wusterhausen ein Areal, das in den letzten Jahren als **Schloss Dracula** von
sich reden machte. Verantwortlich für den Namen ist der neue Eigentümer. Der Berliner Ottomar Berbig wurde von Katharina Olympia
Caradja, geborene Kretzulesco, der letzten Nachfahrin eines bekannten rumänischen Geschlechtes, adoptiert. Nun brauchte Herr
Berbig größere Visitenkarten, auf denen »Ottomar Rodolphe Vlad
Dracula Prinz Kretzulesco« Platz fand.

Die Familie Mosse, die sich das Anwesen 1896 errichten ließ,
wurde aus ihrer Heimat vertrieben. Der erste Hausherr, der erfolg-
reiche Berliner Verleger Rudolf Mosse, erlebte die Gräueltaten der
Nationalsozialisten jedoch nicht mehr mit; er starb hier in Schenkendorf 1920 bei einem Unfall. Zu seiner Zeit war das Landhaus Treffpunkt von Wissenschaftlern und Intellektuellen. Mosse gründete unter anderem 1872 das Berliner Tageblatt und erfand neue Formen
von Adress- und Telefonbüchern. Das Druckhaus Mosse im alten Berliner Zeitungsviertel ist zu großen Teilen erhalten oder wiederhergestellt; auch ein Neubau am Leipziger Platz, der das Grundstück des
Stadthauses der Familie besetzt, heißt heute Mosse-Palais.

Der Eingang zum **Sommerhaus Mosse** wirkt mittelalterlich, das
eigentlich neoklassizistische »Schloss« dagegen eher heiter. Dennoch
haben hier »blutrünstige« Blutspendeparties stattgefunden. Es gibt
einen Biergarten für fast 2 000 Personen, eine Bühne, ein Restaurant
in der Orangerie mit 270 Innenplätzen, ein Kutschenmuseum, einen
Streichelzoo sowie einen verwilderten Park mit Teich und baufäl-
ligem Turm.

Ob der Großbetrieb aufrechterhalten wird, kann man gefahrlos
herausfinden, denn im Notfall führt gegenüber die Krummenseer
Straße zum entsprechenden Dorf mit entsprechendem Gewässer.

Auf dem Weg dorthin passiert man in Schenkendorf die Arbeiter-
siedlung der Braunkohlen-Zeche Centrum. Nach 1870 versuchte
man hier – erstmals mit Vereisungstechnik, doch letztlich vergeblich – aus unterirdischen Stollen im wasserreichen Untergrund die
hiesige Braunkohle zu fördern.

Am Krummen See in **Krummensee** liegt das einfache **Gasthaus
See-Idyll** mit Hof- und Seeterrasse; nur dreihundert Meter sind es bis

zur **Ortsbadestelle**. Den See kann man umwandern und gelangt dabei durch das Sutschketal nach Bestensee. Das Wort Sutschke ist slawischen Ursprungs und bedeutet Seerose. Der südlich gelegene kleine Sutschkesee hat tatsächlich Schilf und Seerosen im Angebot. Südöstlich des Sees kann man sich im Hotel, Restaurant und Eiscafé **Am Sutschke-Tal** für den Rückweg verpflegen. Dabei passiert man ein Niederungsgebiet, das zu den schönsten Naturschutzgebieten des Dahmelandes gehört.

Schloss und Rittergut Dracula
Dorfstraße 9
15711 Schenkendorf
Tel. 033 75/90 12-51
Fax: 033 75/90 12-52
Winter: Di–Fr 14–22 Uhr, Sa, So 11–22 Uhr;
Sommer: Mo–So 11–22 Uhr

See-Idyll
Restaurant und Hotel
Hauptstraße 15
15711 Krummensee
Tel./Fax: 033 75/90 21 37

Am Sutschke-Tal
Café, Restaurant und Hotel
Franz-Künstler-Straße 1
15741 Bestensee
Tel./Fax: 03 37 63/615 16

Zeuthen

Auf dem Weg zwischen Dahmeland und Berlin liegt Zeuthen, an der Dahme und am Zeuthener See nördlich von Königs Wusterhausen gelegen. Durch den Bahnanschluss von 1866 wuchs das Dorf von weniger als 200 Einwohnern 1871 auf über 4 000 im Jahre 1939. Zeuthen und Miersdorf wurden 1957 zusammengeschlossen und haben heute über 9 000 Einwohner.

Die **Martin-Luther-Kirche** ist als eine der letzten in Deutschland gebauten Jugendstil-Dorfkirchen eine architektonische Spezialität.

Das **Wirtshaus am See** bietet dagegen Fisch- und Wildspezialitäten; es liegt am Miersdorfer See, einem kleineren Gewässer, an dem sich auch das **Strandbad** Zeuthens befindet. Auf dem Weg dorthin passiert man die Miersdorfer Kirche aus dem 13. Jahrhundert.

Am großen Zeuthener See bietet das 1996 eröffnete große 4-Sterne-Haus **Seehotel Zeuthen** ein Restaurant mit Seeterrasse samt Anlegestelle für die Fahrgastschifffahrt der Reederei Fußwinkel. Nach Berlin ist es nun nicht mehr weit; Zeuthen gehört zum Berliner S-Bahn-Netz.

Gastronomie

Wirtshaus am See
Schulzendorfer Straße 5–6
15738 Zeuthen
Tel. 03 37 62/723 66

Seehotel Zeuthen
Restaurant und Hotel, Rad- und Bootsverleih,
Schiffsanlegestelle
Fontaneallee 27/28
15738 Zeuthen
Tel. 03 37 62/89-0
Fax: 03 37 62/89-414
E-Mail: info@seehotel.net
Internet: www.seehotel.net

Freizeit

Fahrrad-Frosch
Radverleih
Dorfstraße 16 (nördlich Königs Wusterhausen,
OT Neue Mühle)
15751 Niederlehme
Tel./Fax: 033 75/50 36 86
So geschlossen

ÖPNV

- RE2, RB14, RB36, S46 bis Königs Wusterhausen
- Bus 723 ab Bhf. Königs Wusterhausen über Tiergarten (Neue Mühle) nach Senzig (Akazienallee = Strandbad)
- Bus 724 ab Königs Wusterhausen bis Prieros
- Bus 728, Bus 729 ab Königs Wusterhausen über Schenkendorf, Mittenwalde und Gallun bis Motzen

Schiffsverbindungen

Königs Wusterhausen/Neue Mühle und Prieros werden von Berlin aus angesteuert (siehe Praktische Hinweise)

- ab Prieros Rundfahrt auf dem Dolgensee; nach Teupitz: Dahme Schifffahrt Reederei Kaubisch, Markt 16, 15755 Teupitz, Tel./Fax: 033766/415 55 oder Funk: 0172/307 39 75
- Außerdem ist Prieros Ziel von Tagesfahrten der Scharmützelsee Schifffahrt (Seestraße 40, 15526 Bad Saarow, Tel./Fax: 03 36 31/24 19) ab Bad Saarow über Wendisch Rietz und Storkow
- von Zeuthen (ab Seehotel Zeuthen) Rundfahrten Richtung Schmöckwitz (Auskunft Personenschifffahrt Rolf Fußwinkel, Waldsiedlung 33, 15758 Kablow-Ziegelei, Tel. 033 75/20 91-70, Fax: 033 75/20 91-69 Funk: 01 71/881 48 88).

Fahrradtouren

- Ab Bhf. Königs Wusterhausen am Nottekanal nach Mittenwalde, um den Motzener See und zurück
- Ab Bhf. Bestensee (RB 14) B246 über Gräbendorf nach Prieros, nordwestlich von Prieros nach Friedrichsbauhof, südlich des Dolgensees bis Gussow, weiter nach Senzig, über Tiergarten/Neue Mühle bis Bhf. Königs Wusterhausen

Wandern

- Von Gallun westlich des Motzener Sees über Galluner Kanal und durch Kallinchen bis Motzen – der Kahle Berg südöstlich Motzens (85 Meter): Aussichtspunkt
- Ab Krummensee durch das Sutschketal
- Ab Gussow (oder Senzig) nach Prieros, hinter Gussow durch den Wald
- Ab Bhf. Königs Wusterhausen durch den Tiergarten, weiter nach Neue Mühle bis Klein Venedig / Küchenmeisterallee (zurück Bus 733 oder RB36 ab Bhf. Niederlehme)

Baden

- Krimnicksee, Nordufer, KW OT Neue Mühle, Küchenmeisterallee
- Krüpelsee, Südufer, Senzig, Nixenweg
- Langer See, Südufer, Prieros, Am Badestrand
- Motzener See, Ostufer, Motzen, Mittenwalder Straße
- Motzener See, Westufer, Kallinchen, Am Strandbad
- Krummer See, Nordwestecke, Ortsbadestelle Krummensee

6 Zur Zossener Heide

Rangsdorf, Zossen, Wünsdorf, Klausdorf, Mellensee

Genau im Süden Berlins erstreckt sich die Zossener Heide auf dem Teltow. Heide meint einen Wald, der auf trockenem Boden entstand. Zwischen den Bäumen finden sich wichtige Zeugnisse militärischer Vergangenheit, das Museum des Teltow und Deutschlands erste Bücherstadt. Der Wald und vier größere Seen laden zum Wandern ein.

Der Teltow

Südlich Berlins liegt die Hochfläche des Teltow. Die im wesentlichen sandige, trockene Gegend grenzt an das Urstromtal der Spree. Eine der nördlichsten Erhebungen des Teltow ist der Kreuzberg in der Berliner Innenstadt. Der Kreis Teltow-Fläming mit seiner Kreisstadt Luckenwalde ist von Berlin aus unter anderem auf der Bundesstraße 96 und mit der Dresdner Bahn zu erreichen.

Rangsdorf

Rangsdorf liegt unmittelbar südlich des Berliner Autobahnringes. Die weitläufige Gemeinde verfügt über Wald und Felder zwischen der großzügig angelegten, lockeren Bebauung – und auch über eine der brandenburgischen Einkaufskunstwelten auf der Wiese, das Südring-Center.

Südlich des Bahnhofes quert die Seebadallee die Gleise Richtung Rangsdorfer See. Unter großen Bäumen führt dieser Rangsdorfer Boulevard an Läden vorbei, die gegen die erwähnte Großkonkurrenz zu kämpfen haben. Anschließend öffnet sich der alte Dorfanger mit der Kirche, die 1530 entstand und 1890 umgebaut wurde.

In Sichtweite der Kirche hat das **Restaurant Nussbaum** – mit »neuer deutscher Küche« – auch Außenplätze im Hof, der durch eine lauschig eingerichtete Herrenboutique und die Galerie »Kunstflügel« ergänzt wird. Potsdam-Freunde finden im Restaurant je ein Modell der Garnisonkirche und des Schlosses Sanssouci.

Die Seebadallee führt weiter in Richtung See, und mit der Straße Am Strand hat man den Rangsdorfer See erreicht. Er ist das größte, jedoch nicht einzige Binnengewässer am Ort, der in seinem Wappen neben einer Kiefer passend drei Fische führt.

Am **Seebad** – dessen Wasserqualität zeitweilig bedenklich war – bietet das **»Seebad-Casino«** seit August 2000 alles in einem: Hotel, Biergarten, Restaurant mit Seeblick, Diskothek, Sauna, Veranstaltungsräume und Bowlingbahn. Auf der Karte des Restaurants findet sich neben »Neptuns Vorspeisenteller« und der Abteilung »aus den Gewässern Brandenburgs« mit Peitzer Karpfen, Zander und sogar Seeteufel auch Wild.

Um den Rangsdorfer See führt ein Wanderweg in einem großen Rund durch Jühnsdorf. Allerdings berührt er die Ufer des Sees kaum, da der See großteils gesperrt und geschützt ist. Es handelt sich um ein wichtiges Aufenthaltsgebiet für Zugvögel; vor allem das Westufer ist schilfbewachsen, und die Uferniederungen sind feucht und sumpfig.

Folgt man vom südlichen Ende der Seebadallee linker Hand der Birkenallee, ist in einem Kreis weiteres Nass zu entdecken: Kanäle und eine Hand voll kleiner Brücken prägen das Wohngebiet an der Kurparkallee und den nach Seebädern wie Zinnowitz benannten Nachbarstraßen.

In Verlängerung der Birkenallee führt die Stauffenbergallee an das Tor eines Grundstücks, das als **Reichssportflughafen Rangsdorf** und Werksflugplatz der Bücker-Werke diente. Rangsdorf zog als Sportflughafen vor den Toren der Hauptstadt Berlin viele Gäste an, auch Prominente. Elli Beinhorn, die durch ihre Fernflüge berühmt gewordene Fliegerin, und ihr Mann, der bekannte Rennfahrer Bernd Rosemeyer, Beate Köstlin, spätere Uhse, Schauspieler Heinz Rühmann und andere verkehrten hier. Seit dem Abzug der russischen Armee verfällt das bis 1994 militärisch genutzte Gelände.

Schon 1995 entstand der **Förderverein Bücker-Museum Rangs-dorf**. Der Verein will zum Erhalt der denkmalgeschützten Bauten und des Flugfeldes beitragen, die Rangsdorfer Luftfahrtgeschichte er-forschen und in einem späteren Bücker-Museum öffentlich wirksam darstellen sowie Menschen durch Modellbau und -flug eine Frei-zeitbeschäftigung bieten.

Das Grundstück ist auch über den Bahnübergang südlich des Kies-sees – mit **Badestelle** – zu erreichen.

Förderverein Bücker-Museum Rangsdorf e. V.
Am Strand 1, im Seebad-Casino-Komplex
15834 Rangsdorf
Internet: www.buecker-museum.de

Galerie Kunstflügel
Seebadallee 50
15 834 Rangsdorf
Tel. 03 37 08 / 707 33
E-Mail: kunstfluegel@t-online.de

Restaurant Nussbaum
Seebadallee 50
15834 Rangsdorf
Tel. 03 37 08 / 203 96

Seebad-Casino
Restaurant, Biergarten und Hotel,
Veranstaltungsräume, Diskothek und Bowlingbahn
Am Strand 1
15834 Rangsdorf
Tel. 03 37 08 / 92 88-0
Fax: 03 37 08 / 92 88-10
E-Mail: reception@seebad-casino.de
Internet: www.seebad-casino.de

Zossen

Südlich Rangsdorfs liegt die ehemalige Kreisstadt Zossen. An der B96, auf der Dabendorfer Seite des Königsgrabens, befindet sich das 1994 neu erbaute **Hotel und Restaurant Reuner** – mit Terrassenplätzen. Man zeigt regelmäßig Kunstausstellungen einheimischer Künstler, backt den Kuchen selbst und verwendet Gemüse aus der hauseigenen Gärtnerei. Zur Belohnung gab es 2001 die Auszeichnung »Teltower Rübchen« für die Verwendung heimischer Produkte.

Hinter dem Bahnhof rechts wurde bis in die 1920er Jahre Kalk aus Rüdersdorf gebrannt, der über den Nottekanal hierher gebracht wurde. Gegenüber liegt am Stadtkanal die **Kleine Galerie**, mit wechselnden Ausstellungen von Künstlern aus der Region. Zu hoffen ist, dass diese Einrichtung nicht der Sparpolitik zum Opfer fällt. Gleich daneben ist auch Hoffnung das Prinzip. Zu Redaktionsschluss war das Hotel-Restaurant **Weißer Schwan** in der Bahnhofstraße 12 noch geschlossen. Da man aber am Nottekanal und an den großen Bäumen des Stadtparks so nett sitzt, findet sich vielleicht doch ein neuer Betreiber.

Im **Stadtpark** steht eine **Bastion**, sie ist ein Rest der Burganlage, um die herum Zossen entstand. Die meißnerische Grenzburg der Lausitz wurde 1490 von den Brandenburgern gekauft, doch im Dreißigjährigen Krieg von Schweden verwüstet. Schlossreste sind auch von der Kirchstraße aus zu entdecken, allerdings alles andere als original gestaltet: ein Torhaus und das heutige Haus Zossen auf dem früheren Vorwerk.

Erfrischend dagegen der Zustand der Dreifaltigkeitskirche von 1739, die damals einen Vorgängerbau ersetzte. Der eindrucksvolle rechteckige Markt- und Kirchplatz mit dem Fachwerk-Pfarrhaus und dem Backstein-Rathaus wurde unter dem aus Holland zugewanderten kurfürstlichen Baumeister Memhardt nach dem Stadtbrand von 1671 angelegt.

Ein Stück weiter östlich Richtung Mittenwalde markiert die Straße Am Kietz den ehemals wendischen Teil des Ortes. Noch weiter östlich wurden unter Friedrich II. Kolonisten angesiedelt. Hier steht an der Straße Weinberge das **Museum Alter Krug**, ein Fachwerkhaus aus der Mitte des 18. Jahrhunderts. Unter anderen hat sich der Zossener Bürger Dieter Frambach tatkräftig für die Rettung und Sanierung des Hauses eingesetzt. Seit den 1980er Jahren hat man das Haus, das bis 1890 Krug und bis 1982 Wohnhaus war, liebevoll und fachgerecht mit alten Handwerksverfahren rekonstruiert. Die Lehm-Stroh-Gefache, das Reetdach, der Tonkachelofen und die so genannte Schwarze, also Schlot-Küche erzählen vom Leben vor über zweihundert Jahren. Heute finden hier Kulturveranstaltungen statt, und ein Museum soll eröffnet werden.

Kultur

Kleine Galerie Zossen
Bahnhofstraße 13
15806 Zossen
Tel. 033 71 / 608 36 00
Do–So 11–18 Uhr

Museum und Begegnungsstätte »Alter Krug«
Heimatverein, Hr. Frambach
Weinberge 15
15806 Zossen
Tel. 033 77 / 39 37 59

Gastronomie

Reuner
Café, Restaurant und Hotel, Ausstellungen
Machnower Chaussee 1a
15806 Zossen
Tel. 033 77 / 30 13-70, 305 90
Fax: 033 77 / 30 13-71
E-Mail: hotel.reuner@t-online.de
Internet: www.flairhotel.com

Wünsdorf

Südlich an Zossen schließt sich die Gemeinde Wünsdorf mit dem Ortsteil **Waldstadt** an. Hier begegnet man einem der wichtigsten Themen der Brandenburger Gegenwart: Konversion. Es geht um die Umwandlung ehemaliger Militärflächen in menschenfreundliche und nutzbare Areale. Brandenburg ist das Land der Bundesrepublik, das den mit Abstand höchsten Prozentsatz seiner Fläche – nämlich ein

Viertel des Gesamtterritoriums – umwandeln und nachnutzen muss. Im umfangreichsten deutschen Konversionsprojekt, in der Waldstadt, die unter hohen Bäumen gelegen ihrem Namen Ehre macht, wird im **Garnisonsmuseum** die hiesige Militärgeschichte der letzten hundert Jahre thematisiert – beispielsweise mit Führungen durch die Bunkeranlagen und in der Ausstellung »Russischer Soldatenalltag«.

Ab 1910 diente das Gelände an der Berlin-Dresdner Bahn als Truppenübungsplatz, zur NS-Zeit war es Sitz des Oberkommandos der Wehrmacht, später des Oberbefehlshabers der Westgruppe der sowjetischen Streitkräfte. Bis 1994 war das Areal sowjetisches, zuletzt russisches Kasernengelände.

Das hier ursprünglich gelegene Dorf Zehrensdorf wurde gleich zweimal geräumt: 1911 und 1936. Nach der Räumung durch die Russische Armee war dies eine Gemeinde ohne Menschen. Die Gemarkung Zehrensdorf war nach wie vor juristisch selbstständig, hatte jedoch keine Einwohner. Drei Landesbeauftragte planten die 1995 erfolgten ersten Zuzüge. Von den Einwohnern in einer Volksabstimmung beschlossen, gehört die Gemarkung und damit die Waldstadt seit der Bundestagswahl im September 1998 zu Wünsdorf.

Zwischen den zum Teil schon in saftigen Farben sanierten Gebäuden, die für die Zukunft des Areals als Wohnstadt mit bis zu 10 000 Einwohnern stehen, findet man neben einem Spitzbunker und anderen Bunkerresten auch noch andere Überbleibsel der Geschichte, beispielsweise ein Lenindenkmal. Neu ist dagegen die erste deutsche »**Bücherstadt**«. Mehr als 150 000 Bücher sind in vier Häusern antiquarisch zu erwerben, über zwanzig Antiquariate aus Wünsdorf, Berlin und weiteren Orten beteiligen sich daran. Für Hungrige bietet die Russische Teestube einen Imbiss.

Auf der anderen Seite von Bundesstraße und Bahn geht es zum Wünsdorfer Dorfkern mit Anger und Kirche, 1843 in der Tradition der Schinkelschule mit Rundbogenfenstern vollendet. Dahinter liegt linker Hand die Schulstraße, in dem liebevoll hergerichteten Backsteinschulgebäude von 1898 befindet sich heute das **Museum des Teltow**. Sonderschauen und eine Dauerausstellung zeigen die wechselhafte Geschichte des Teltow, dessen Kreisgrenzen mehrfach erheblich verändert wurden.

Östlich hinter dem Dorfanger führt rechts die Seestraße zum

Strandbad und in Verlängerung zum Wünsdorfer Ortsteil Neuhof. An dem im 18. Jahrhundert errichteten **Schloss Gut Neuhof** am Wolziger See gibt es einen öffentlichen Biergarten. Das Restaurant im Haus ist nicht öffentlich, es wird unter anderem von den Übernachtungsgästen der benachbarten Ferienhäuschen genutzt und kann für Feiern gemietet werden. Für Hochzeiten gibt es im Gutshaus sogar ein Trauzimmer des Standesamtes.

Ohne Voranmeldung kann man gegenüber im **Gasthof Weise** etwas zu sich nehmen. Er liegt direkt an Straße und Bahn und hat auch einige Außenplätze. In vierter Generation im Familienbesitz, kocht man hier nur mit frischen Produkten aus der Gegend.

Wer hinter dem Bahnübergang von der B96 Richtung Zesch am See abbiegt, wird für den dreieinhalb Kilometer langen Weg mit einem klaren Juwel unter den hiesigen Seen belohnt: dies ist der **Große Zeschsee** mit **Strandbad** und Waldrändern. Auch für Verpflegung ist im Ort gesorgt.

Bücherstadt und Garnisonsmuseum
Gutenbergstraße 1
15838 Wünsdorf-Waldstadt
Tel. 03 37 02/960-0
Fax: 033 702/960-20
E-Mail: webmaster@buecherstadt.de
Internet: www.buecherstadt.de,
www.garnisonsmuseum.de
Antiquariat und Ausstellung: Do–Mo 10–18 Uhr
Führungen: Okt.–März: Mo–Fr 14 Uhr, Sa, So, Feiertag 12, 14, 16 Uhr; Apr.–Sept.: von 12–16 Uhr stündlich
Rundfahrten: Okt.–März: So 13 Uhr;
Apr.–Sept.: auch 14 Uhr

Museum des Teltow
Schulstraße 15
15838 Wünsdorf
Tel. 03 37 02/669 00
März–Okt.: Mi–Fr 10–17 Uhr, Sa, So 14–17 Uhr;
Nov.–Febr.: Mi–Fr 10–16 Uhr, Sa, So 13–16 Uhr

Kultur

Schloss Gut Neuhof
Biergarten
An der B96 Nr. 3
15838 Wünsdorf-Neuhof
Tel. 03 37 02 / 663 73
Fax: 03 37 02 / 663 72
Internet: www.schloss-neuhof.de

Gasthof Weise
An der B96 Nr. 2
15838 Wünsdorf-Neuhof
Tel. 03 37 02 / 663 07

Klausdorf und Mellensee

Westlich Wünsdorfs liegt der Mellensee. Am Westufer zwischen Klausdorf und dem Ort Mellensee erstreckt sich eine lockere Bebauung, die Urlaubsstimmung aufkommen lässt. Hier zog man der Erholung wegen her, zu DDR-Zeiten wurden größere Objekte betrieben.

Das **Hotel Seeblick** findet sich am Ufer des Mellensees, von Wünsdorf kommend gleich am Ortseingang. 1934 als Ferienheim der Firma Schwarzkopf erbaut, wurde es auch zu DDR-Zeiten als Ferienheim genutzt. Der Seeblick ist zu ebener Erde etwas durch Schilf verstellt, allerdings gibt es einen Steg zum Wasser, an dem auch Boote verliehen werden. Für weitere Blicke empfiehlt sich die Terrasse im ersten Stock des Zweckbaus.

Auf der Straße dorfeinwärts umrundet man den See Richtung Nordosten und passiert die neu gestaltete Dorfaue. In der Zossener Straße 36 führt der Weg hinab zum See. Hier bietet das **Restaurant Seehof** schattige Außenplätze. In derselben Straße befindet sich das **Strandhotel und Restaurant Imperator** – mit Freiterrassen und Wintergarten – in einem modernen Ladenkomplex. Auch von hier aus gelangt man zum Seeufer, benachbart ist das **Strandbad**.

Klausdorf geht nahtlos in den Nachbarort Mellensee über. Am 1900 erbauten und nach der Wiedervereinigung stillgelegten Bahnhof steht ein sehenswertes Beispiel für die Landhausarchitektur der

Kaiserzeit, die **Villa Seefrieden**. Mit Stuck und Fachwerkgiebel, Türmchen, Kegeldach und verziertem Holzbalkon schmückte man das 1910 errichtete Haus.

Aus demselben Jahr stammt das vergleichbare **Hotel Restaurant Landhaus Mellensee** in der Luckenwalder Straße. Es diente einst als Bahnhofsgaststätte; hier rasteten Bauern auf dem Weg zu den Märkten in Berlin. Statt der Pferde der Bauern fütterte man hier später die Autos der Ausflügler – als in den 1930er Jahren eine Tankstelle eröffnet wurde. Nach dem Krieg wurde nur noch die Gaststätte bewirtschaftet und der andere Teil des Hauses zu Wohnzwecken genutzt.

Die Gaststätte **Melle am See** in einem siebzig Jahren alten Holzhaus und das **Strandbad** Mellensee werden von einem Betreiber bewirtschaftet und befinden sich an der Nordostecke des Sees.

Gastronomie

Seeblick
Restaurant und Hotel, Bootsverleih
Wünsdorfer Straße 3
15838 Klausdorf
Tel. 03 37 03 / 770-01
Fax: 03 37 03 / 770-14

Restaurant Seehof
Zossener Straße 36
15838 Klausdorf
Tel. / Fax: 03 37 03 / 76 21
Di geschlossen

Imperator
Restaurant und Hotel
Zossener Straße 7
15838 Klausdorf
Tel. 03 37 03 / 99-0
Fax: 03 37 03 / 99-117

Gastronomie

Landhaus Mellensee
Restaurant und Hotel
Luckenwalder Straße 2
15806 Mellensee
Tel. 033 77/33 29 71
Fax: 033 77/3 30 00 07
Internet: www.landhausmellensee.de

Restaurant Melle am See
Am Strandbad
15806 Mellensee
Tel. 03377/394534
E-Mail: melleamsee@t-online.de
Internet: www.mellensee.de
(Amtsgemeinde)

Mit den Öffentlichen/dem Rad unterwegs

ÖPNV
- RE5, RB24 bis Rangsdorf, Zossen und Wünsdorf-Waldstadt
- RE5 bis Neuhof
- Bus 770, Bus 770a ab Zossen über Mellensee und Klausdorf

Fahrradtouren
- Ab Bhf. Zossen über Mellensee und Klausdorf nach Wünsdorf,
  westlich des Großen Wünsdorfer Sees zur Straße Neuhof-Sperenberg, nach Neuhof und Abstecher bis Zesch am See, zurück bis Bhf.
  Neuhof

Zu Fuß und im Wasser

Wandern
- Rundwanderweg Rangsdorfer See
- Ab Rangsdorf nach Süden, westlich an Dabendorf vorbei über die
  B246 weiter zum Nottekanal, bis Bhf. Zossen oder weiter am Not-

tekanal bis Mellensee, durch Klausdorf, südlich durch die Klaus-
dorfer Heide bis zur Straße Neuhof-Sperenberg, bis Bhf. Neuhof
- Ab Wünsdorf Waldstadt südlich, östlich Wolziger See durch Lin-
denbrück, von dort um den Kleinen und Großen Zeschsee, bis Bhf.
Neuhof

Baden
- Rangsdorfer See, Ostufer
- Kiessee Rangsdorf
- Wünsdorfer See, Nordostufer, Seestraße
- Großer Zeschsee, Ostufer
- Mellensee, Westufer
- Mellensee, Nordostufer
- Strandbad Klausdorf

7 Richtung Bäke- und Nuthetal

Die Ortschaften der Route

Teltow, Kleinmachnow, Stahnsdorf, Güterfelde, Großbeeren, Diedersdorf

Das Ausflugsgebiet

Die Niederungen der Bäke und der Nuthe durchziehen den westlichen Teltow. Die Nutheniederung ist ein beliebtes Wandergebiet. Ausflügler locken auch die alte Bäkemühle, die Hakeburg, einer der größten Waldfriedhöfe Deutschlands sowie der größte brandenburgische Biergarten.

Teltow

Der das Berliner Urstromtal südlich begrenzende Teltow ist eine sandige Hochfläche, auf der etwa die Teltower Rübchen gut gedeihen. Jedoch ist es hier wie überall in der eiszeitlich geprägten Mark Brandenburg: In den Niederungen sammelt sich das Wasser. Diese versumpften Gegenden versuchte man seit dem Mittelalter zu entwässern. In großem Stil gelang das dem Landkreis Teltow unter Landrat Ernst von Stubenrauch bis 1906 mit dem Bau des **Teltowkanals**. In seinem unteren Lauf ersetzt der Kanal weitgehend die Bäke, die am Steglitzer Fichtenberg entspringt und bis in das 19. Jahrhundert hinein Telte genannt wurde.

Südlich des Bäketals und damit des heutigen Kanals liegt die Stadt Teltow. Sie gehört verwirrenderweise nicht zum Landkreis Teltow-Fläming, sondern zu Potsdam-Mittelmark mit der Kreisstadt Belzig. Die Altstadt liegt neben den Durchgangsstraßen unweit der Knesebeckbrücke nach Berlin-Zehlendorf.

An der Straße von Potsdam nach Köpenick entstand mit Teltow eine weitere Siedlung slawischen Ursprungs, von der man vermutet, dass sie der Landschaft den Namen gab. Die planmäßige rechteckige Anlage einer deutschen Stadt um 1232 wurde nach dem verheerenden Stadtbrand von 1711 in neuer Form wiederholt. Der Brand trug zum Niedergang der Stadt bei; erst seit Eröffnung des Teltowkanals setzte der Wandel zur Industriestadt ein. Auch deshalb wurde für den erwähnten Landrat Stubenrauch auf dem Marktplatz ein Denkmal errichtet.

Auf einem ausgesparten Block der **Altstadt** steht die Stadtpfarrkirche St. Andreas. Der Kern stammt aus dem 13. Jahrhundert, die Kirche wurde 1811 – unter Schinkels Beteiligung – und nochmals 1910 erneuert.

In der Ruhlsdorfer Straße wurde bis 1956 die Katholische Kirche erbaut. Ein weiteres Mal bestätigt sich die Regel: In Brandenburg ist eine Stadt eine Siedlung, die eine katholische Kirche hat. Dass die Katholiken in Brandenburg heute eine Minderheit sind, wurde in Teltow beschlossen: Im April 1539 kam es in der Ritterstraße 11 – im Haus der Familie von Schwanebeck, die damals unter anderem den Bischof von Brandenburg stellte – zur so genannten Teltower Einigung. Der Bischof und die wichtigsten Adligen des Teltow einigten sich auf eine sanfte Einführung der Reformation, die der Kurfürst am 1. November des Jahres in Spandau vollzog.

Gerade so noch zu Teltow gehörig, liegt das **Hotel Courtyard Mariott** an der Rammrathbrücke. Von der Terrasse seines Restaurants Brandenburg schaut man über den Kanal auf Wohnungsneubauten und die umgebauten Speicher des früheren Kraftfuttermischwerkes. Dahinter erstreckt sich das Gelände des »Teltow Techno Terrain« – anstelle der großteils geschlossenen Industrien sucht man hier, vergleichsweise erfolgreich, das Gewerbegebiet wieder zu beleben.

Gastronomie

Courtyard Mariott
Restaurant und Hotel
Warthestraße 20
14513 Teltow
Tel. 033 28/440-0
Fax: 033 28/440-440
Internet: www.courtyard.com

Kleinmachnow

Wenige Schritte von der Rammrathbrücke kanalabwärts befindet sich auf dem Gebiet von Kleinmachnow das **Sportforum Kiebitzberge mit Freibad**. Die Gemeinde entwickelte sich zu einem gepflegten grünen Vorort Berlins. Von Kurt Weill und Lotte Lenya bis zu Jörg Schönbohm ließen und lassen sich hier Menschen nieder, die nach der anstrengenden Arbeit Ruhe such(t)en und es sich leisten konnten beziehungsweise können. Nach der Wende war Kleinmachnow die brandenburgische Gemeinde mit dem höchsten Anteil an Rückübertragungsansprüchen.

Viele der Wohnhäuser in Kleinmachnow sind von baugeschichtlichem Interesse, so beispielsweise das Landhaus Braun von 1909 im Erlenweg 29, gleich nördlich des bei Teltow erwähnten Hotels über den Ringweg zu erreichen. Unmittelbar in den Straßen am Sportforum, Am Weinberg 5, findet man aus dem Jahre 1936 ein vermutliches Frühwerk von Egon Eiermann, dem Architekten der neuen Kaiser-Wilhelm-Gedächtniskirche in Berlin. In Sichtweite der Rammrathbrücke liegen weitere interessante Wohnbauten, so in der Fontanestraße das Wohnhaus Heinicke von 1932 (Nummer 16) und das Wohnhaus Stengl von 1933 (Nummer 20), beide von Hermann Henselmann, der unter anderem entscheidend an der früheren Stalinallee und dem Fernsehturm am Alexanderplatz beteiligt war. In der parallel verlaufenden Tucholskyhöhe steht mit der Nummer 12 das Wohnhaus Ihring von 1934; das Wohnhaus Bahner (Nummer 11) entstand 1933 unter Walter Gropius, dem Bauhaus-Gründungsdirektor, der noch im selben Jahr von den Nationalsozialisten zur Emigration gezwungen wurde.

Kanalabwärts öffnet sich hinter der Friedensbrücke der Machnower See. Nördlich des Sees liegt die **Neue Hakeburg** auf dem 62 Meter hohen Seeberg. Sie ist über eine großzügige Zufahrt durch das riesige Grundstück am Zehlendorfer Damm 85 zu erreichen. Den mit einem Turm geschmückten Komplex ließ sich Gutsbesitzer Dietloff von Hake bis 1908 in einem neuromanischen Burgenstil errichten. Kurz vor Ausbruch des Zweiten Weltkrieges an die Post verkauft, bewohnte es der Postminister bis 1945. Anschließend diente es unter anderem als Gästehaus der SED, weshalb auch Castro, Chruschtschow und Gorbatschow hier nächtigten. Heute finden in dem Haus

Veranstaltungen statt, in aufwendig eingerichteten Zimmern und Sälen kann man feiern oder tagen. Von der Terrasse auf der Seeseite des Hauses sieht man unten das Wasser durch die Bäume schimmern, ab und zu von einem Schiff auf Kanalfahrt durchzogen.

Die alte Burg der Hakes stand gegenüber auf der südlichen Seeseite neben der erhaltenen **Dorfkirche** von Kleinmachnow. Diese entstand Ende des 15. Jahrhunderts und wurde insgesamt viermal – 1597, 1704, 1978 und 1994 – renoviert und teils neu ausgestattet, immer wieder auch mit Gräbern derer von Hake, unter anderem von Dietloff, der die Neue Hakeburg errichten ließ. Einige gab es zu begraben, haben die Hakes Kleinmachnow doch zwischen etwa 1400 und 1945 besessen.

Früher führte das dreipfortige Tor gegenüber, im Aufsatz mit umschlängeltem Medusenkopf und Minervahaupt geschmückt, zum von David Gilly nach 1800 entworfenen Schloss. Daneben hatte man den Großteil der alten Burg von 1400 stehen gelassen – ein eher schmuckloses, doch bemerkenswertes Gebäude. Nur wenige Bauten dieser Zeit erlebten hierzulande das 20. Jahrhundert. Bei einem Bombenangriff wurde das Ensemble 1943 schwer beschädigt. Leider riss man die Reste 1954 ab.

Erhalten ist dagegen die 1696 gebaute und im 19. Jahrhundert erneuerte Mühle. Die Inschrift über dem Eingang verweist auf Ernst Ludwig von Hake. Heute beherbergt das Backsteingebäude das **Restaurant Bäkemühle**. Neben dem Haus gelangt man über einen hölzernen Gang oberhalb des Mühlrads zur großen Terrasse, mit Blick auf den Bäkepark. Hier musste das Flüsschen dem Kanalbau nicht weichen. Sein Rest – eher ein Bach – schlängelt sich unter großen Bäumen an der Mühle entlang durch den Park Richtung Schleuse Kleinmachnow.

Auf der nördlichen Seite der Schleuse entstand mit dem Kanal 1905 das **Gasthaus Zur Schleuse**. Schon die waidmännische Einrichtung zeigt, dass Wild auf der Karte steht. Man kann jedoch auch draußen auf der Terrasse mit Blick Richtung Schleuse und Kanal sitzen und weniger wilde Gerichte auf der Karte entdecken.

Die **Schleuse** selbst fällt durch ihre gewaltigen Hubtore auf, wobei die größte der drei Schleusenkammern allerdings in den 30er Jahren ohne ein solches angefügt wurde. Die Schleusenbrücke ist für

den Kraftfahrzeugverkehr gesperrt – sie wurde von einem Schiff ge-
rammt und harrt der Sanierung. Im geteilten Deutschland war von
dem 38 Kilometer langen Kanal zunächst der gesamte Abschnitt auf
DDR-Gebiet gesperrt, Anfang der 1980er Jahre wurde der Teltowkanal mit bundesrepublikanischem Geld hergerichtet und von Potsdam her wieder eröffnet. Das Stück Kanal zwischen seinem Ursprung, der Dahme in Köpenick, und dem Britzer Zweigkanal ist erst
seit 2001 wieder problemlos befahrbar.

Gastronomie

Historischer Gasthof Bäkemühle
Zehlendorfer Damm 217
14532 Kleinmachnow
Tel. 03 32 03 / 780-08
Fax: 03 32 03 / 780-73

Gasthaus Zur Schleuse
Stahnsdorfer Damm 19
14532 Kleinmachnow
Tel. 03 32 03 / 247 70

Stahnsdorf
Unterhalb der Schleuse mündet die Bäke in den Kanal. Sie ist hier
Grenzfluss, südlich beginnt das Gemeindegebiet von Stahnsdorf.
Noch in Sichtweite der Schleusentürme liegt die **Waldschänke** mit
Sommerterrasse und Wintergarten. Die Küche ist hier etwas größer
– das Angebot entsprechend auch – als auf der anderen Seite der
Schleuse, doch viele Gerichte gibt es auf beiden Seiten. Kein Wun-
der, denn Sie brauchen sich nicht für oder gegen eine Wirtsfamilie
entscheiden: Ob Sie nördlich oder südlich der Schleuse einkehren, in
beiden Fällen freut sich Familie Lasotta, die das Gasthaus Zur
Schleuse seit 1992 betreibt, die Waldschänke jedoch schon seit den
1960er Jahren, bis zur Wende unter dem Dach der HO.
   Von der Waldschänke entlang der Alten Potsdamer Landstraße erreicht man den **Waldfriedhof Wilmersdorf**. Der große, grüne Friedhof wurde wie sein noch größerer Nachbar aus Platzgründen vor den
Toren Berlins angelegt.

Auf dem südlich angrenzenden **Südwestkirchhof der Berliner Stadtsynode** (ein Lageplan ist für eine Mark bei der Friedhofsverwaltung am Eingang erhältlich) sind auch zahlreiche bekannte Persönlichkeiten bestattet, so zum Beispiel Elisabeth von Ardenne, Fontanes Effi Briest, die anders als im Roman sehr alt wurde – wie man hier sieht. Im gleichen Block Trinitatis gedenkt man des Malers Lovis Corinth. Hinter der Kapelle rechts ist der 1934 verstorbene Heinrich Zille beigesetzt. Rechts vom Eingang liegt die Sektion Charlottenburg und damit auch der Grabstein von Siegfried Jacobsohn, dem Begründer und Chefredakteur der legendären »Weltbühne«.

Auch Friedrich Wilhelm Murnau, bekannter Filmschauspieler in Babelsberg und Hollywood, ist auf dem Friedhof beigesetzt. Nicht nur folgende zwei Gräber hätten ohne die Nationalsozialisten andere Daten: Der Komponist Hugo Distler nahm sich unter dem Druck der Faschisten das Leben; Joachim und Meta Gottschalk setzten ihrem Leben und auch dem ihres Sohnes Michael ein Ende. Der Schauspieler wollte sich von seiner jüdischen Frau nicht trennen. Im Block Lietzensee liegt das Grab Rudolf Breitscheids. Der Fraktionsvorsitzende der SPD im Reichstag war seit 1933 im Exil, wurde ausgebürgert und 1940 vom Vichy-Regime an die Gestapo ausgeliefert. Er starb 1944 im KZ Buchenwald. Auch das Erbbegräbnis Wissinger von Max Taut sowie die Grabstellen von Werner von Siemens, Walter Gropius und der Verlegerfamilie Ullstein lassen sich bei einem – schon wegen des prächtigen Baumbestandes lohnenden – Spaziergang über den Südwestkirchhof entdecken.

Er wurde 1909 als Zentralfriedhof für Berlin eröffnet und nach 1926 erweitert; heute ist der Kirchhof einer der größten Waldfriedhöfe Deutschlands. Vorbild war der Münchner Waldfriedhof. Dem natürlichen Gelände angepasst und den Eindruck eines öffentlichen Parkes bewusst meidend, konzipierte Louis Meyer die Grünanlagen und ließ tausende Kiefern und Douglasien sowie 15 Rhododendron-Arten pflanzen – wenn sie im Mai blühen, ist es hier besonders schön.

An der Nordgrenze zur Alten Potsdamer Landstraße liegen prachtvolle Grabmonumente von Friedhöfen, die in Berlin zur Gründungszeit dieses Kirchhofes aufgelöst wurden. Der Holzbau der Friedhofskapelle von 1911 wurde nach dem Vorbild mittelalterlicher

norwegischer Stabkirchen entworfen. In ihr finden auch die Stahnsdorfer Musiktage statt.

Die Straße vor dem Eingang am Rudolf-Breitscheid-Platz heißt
Bahnhofstraße – das verwundert, ist doch meilenweit kein Bahnhof zu sehen. Der Bahnhof wurde ein Opfer der Teilung. Seit 1912
brachte die so genannte Friedhofsbahn nachts die Toten, tags die
Lebenden. 1961 wurde die Bahn geschlossen, die Bahnbrücke über
den Teltowkanal ist völlig verfallen, die Bahntrasse noch zu erahnen.
Heute gibt es noch nicht einmal eine Bushaltestelle vor dem Kirchhof. Schräg gegenüber befindet sich dafür eine Gaststätte mit Terrasse, das **Ristorante La Foresta**, früher Waldidyll.

Südwestlich der Schleuse liegt der mittelalterliche **Dorfkern** von
Stahnsdorf. Der großzügige, rechteckige Dorfanger ist sehenswert.
Auf ihm steht seit dem 13. Jahrhundert die Dorfkirche, ein sorgfäl-
tig gefügter Feldsteinquaderbau. Unter dem schon erwähnten Ernst
Ludwig von Hake wurde sie Ende des 17. Jahrhunderts erneuert, wie
eine Inschrift an der Sakristei ausweist, welche allerdings erst im 19.
Jahrhundert angebaut wurde. Der Turm stammt aus dem Jahre 1779.

Nordöstlich des Angers liegen Schienen in der Wilhelm-Külz-
Straße. Auch hier hatte Stahnsdorf Anschluss an das Berliner Schie-
nennetz. Die Dampfstraßenbahn wurde über Lichterfelde Ost und
Teltow 1891 bis Stahnsdorf verlängert, 1905 bis Machnower
Schleuse. Mit der Übernahme durch den Kreis Teltow wurde die Bahn
elektrifiziert, nach dem Mauerbau 1961 stillgelegt. Das Ackerland
wurde zu großen Teilen parzelliert und von Berlinern zur Errichtung
von Lauben oder kleinen Einfamilienhäusern gekauft. Hat Stahnsdorf heute den Charakter eines Berliner Vorortes, so verliert sich ein
solcher Eindruck schon einen Ort weiter südwestlich, in Güterfelde.

Südwestkirchhof der Berliner Stadtsynode

(Informationen zum Friedhof, zu Führungen und
zu den Stahnsdorfer Musiktagen)
Eingang Bahnhofstraße (Friedhofsverwaltung)
14532 Stahnsdorf
Tel. 033 29/623 15
Okt.–März: 8–17 Uhr;
Apr.–Sept.: 7–20 Uhr

Gastronomie

Restaurant Waldschänke
Wannseestraße 21
14532 Stahnsdorf
Tel./Fax: 033 29/620 33

Ristorante La Foresta
Bahnhofstraße 25
14532 Stahnsdorf
Tel. 033 29/61 58 05

Güterfelde

Güterfelde hieß ursprünglich Gütergotz, und zwar mindestens ab 1228. Doch diese lange Tradition spielte keine Rolle, als man 1937 im Zuge nationalsozialistischer Germanisierungspoltik den Ort unter jener Regierung umbenannte, die von allen Regierungen dieses Landes mit Sicherheit die wenigste Ahnung von deutschen Traditionen hatte.

Die **Dorfkirche** mit ihrem regelmäßigen Feldsteinmauerwerk stammt aus der ersten Hälfte des 13. Jahrhunderts. Der Westquerturm wurde kurz darauf als Erweiterung gebaut. Der Chor wurde 1867 auf die Breite des Kirchenschiffes erweitert, gleichzeitig entstand ein neuer Ostgiebel in Backstein.

Südlich der Kirche diente das ehemalige **Gutshaus** zuletzt als Pflegeheim. Der verputzte Bau mit Feldsteinsockel entstand 1804–15 nach Entwürfen von David Gilly. Ungewöhnlich ist, dass man das Haus samt Parkerweiterung 1868 nach dem Vorbild französischer Renaissanceschlösser umbaute. Und zwar geschah dies für den preußischen Kriegsminister **Albrecht von Roon**. Dessen Vater war noch ein de Ron, denn er stammte aus einer Familie wallonischer Zuwanderer aus Tournai. Roons vom Landtag abgelehnte Heeresreform war es, die Bismarck 1862 auf den preußischen Ministerpräsidentensessel brachte – Roon entschied sich bei der Wahl zwischen einem von ihm vorbereiteten Staatsstreich des Militärs und einem rücksichtslosen Zivilisten für letzteren. Natürlich blieb Roon auch unter Bismarck Kriegsminister; seine Truppen marschierten drei Jahre nach Fertigstellung des Gütergotzer Gutshauses siegreich durch Frankreich.

Außerhalb des Dorfes, Richtung Potsdam, liegt links im Wald am Priesterweg der **Güterfelder Bauernmarkt** mit Direktverkauf vom Lande, eine Art agrarisches Outlet-Center, dessen Fortbestand zwischen verschiedenen Behörden umstritten ist.

Großbeeren

Von Güterfelde aus führt eine der schönen brandenburgischen Alleen westlich nach Großbeeren. Hier marschierten französischen Truppen im Jahre 1813, als sie durch Preußen zogen. Nach der Konvention von Tauroggen, also dem Frontwechsel der preußischen Armee, einigten sich Napoleon und die nunmehr Verbündeten Russen, Schweden und Preußen im Sommer 1813 auf einen Waffenstillstand. Die napoleonischen Verbände suchten nach Wiederaufnahme der Kampfhandlungen zusammen mit den ihnen verbündeten Sachsen den Weg nach Berlin, um die ungehorsamen Preußen auszuschalten. Oberbefehlshaber des verbündeten Nordheeres, das Berlin schützen sollte, war der frühere napoleonische Marschall Bernadotte, nunmehr Kronprinz von Schweden. Er ließ erkennen, dass er Berlin eventuell Napoleon überlassen würde. General von Bülow wartete mit 40 000 preußischen Kämpfern – großteils schlecht ausgebildete und gerüstete, aber hochmotivierte Landwehr – vergeblich auf den Befehl zum Angriff. Ein weiteres Mal handelte ein preußischer Offizier eigenmächtig: Bülow entschloss sich, von seinem Quartier in Heinersdorf aus die 20 000 Franzosen und Sachsen unter General Reynier, die gerade bei strömendem Regen das etwas erhöht liegende Großbeeren eingenommen hatten, noch am selben Tage anzugreifen. Am Abend des 23. August 1813 donnerten die Geschütze der Preußen; die sich fälschlich sicher wähnenden napoleonischen Truppen mussten sich im Kampf Mann gegen Mann verteidigen. Da das Pulver beim Dauerregen feucht geworden war, erschlug man sich im dreckigen Schlamm teils mit den Gewehrkolben. Insgesamt starben über 3 000 Menschen bei dem Gemetzel, das mit dem Sieg der Preußen endete.

Die Schlacht von Großbeeren rettete Berlin vor einer abermaligen Besetzung durch die Franzosen, die der Stadt schweren Schaden zugefügt hätte. Und es war jene Schlacht, die die Preußen ganz allein, ohne schwedische oder russische Hilfe, gewonnen haben. Stattdessen halfen viele eigentliche Zivilisten in Form der Bürgerwehr. Für den Fortgang der Befreiungskriege war diese Schlacht eine wichtige Initialzündung. Gedankt hat der König dies dem Volk jedoch nur bedingt, wie sich nach dem Krieg zeigte. Ein eisernes Kreuz gab es für die Kämpen, dieses hatte Schinkel entworfen. Es schmückt auch die Spitzen dreier Denkmale des Meisters: das auf dem Berliner Kreuzberg – daher dessen Name –, das in Dennewitz, wo Bülow abermals Erfolg hatte, und das hier in Großbeeren. Es steht nördlich der Kirche in Form einer gotischen Fiale.

Außerdem findet sich an der Ruhlsdorfer Straße auf dem Schlachtmittelpunkt Windmühlenberg die so genannte **Bülow-Pyramide** aus Feldstein, die ein wenig darüber hinwegtäuscht, dass der General nicht völlig allein zu seinem gewagten Entschluss kam, sondern Offiziere der zweiten Reihe ihn beeinflussten. Schließlich wurde 1913 zum hundertsten Jahrestag der Schlacht ein monumentaler Gedenkturm enthüllt, den niemand übersehen kann, der Großbeeren besucht.

Die Kirche des Ortes wurde nicht 1813, sondern bereits 1760 zerstört. Der Neubau entstand bis 1820 als neugotischer Putzbau nach Entwürfen Schinkels. Veränderungen von 1895 wurden 1930 und 1980 teilweise rückgängig gemacht, die Ockerfarbe der Außenhaut ist dem Original angenähert.

Wer den Gedenkturm in Augenschein nehmen und der zahlreichen Kriegstoten gedenken möchte, braucht zu letzterem eine Weile. Es empfiehlt sich, Platz zu nehmen. Vielleicht hilft dabei die Terrasse des Sudpfanne-Eet-Café, einer Art Imbiss mit Blick auf das Denkmal an der Dorfaue 9.

Ohne Denkmalsblick – dafür ruhiger – ist dagegen gleich nebenan, auf der Rückseite des Ringhotels Großbeeren, das **Restaurant Kalimera**. Zwar haben 1813 keine Griechen mitgekämpft, dafür hat das gepflegte Restaurant eine Terrasse auf einem künstlichen Hügelchen mit Aussicht auf das Fließtal des Lilo- oder Nuthegrabens, dessen Wasser Richtung Trebbin der Nuthe zufließen. Außerdem gibt es eine Kinderecke mit Bilderbücherkiste im Restaurant und den Kontrollblick auf die Straße nach Diedersdorf.

Gastronomie

Restaurant Kalimera
am Ringhotel Großbeeren
Dorfaue 9
14979 Großbeeren
Tel. 03 37 01 ⁄ 573 14
Fax: 03 37 01 ⁄ 771 00

Diedersdorf

Wer an Ausflugstagen in das zwischen Großbeeren und Blankenfelde gelegene Diedersdorf fährt, will wahrscheinlich zu Brandenburgs größtem Biergarten. Man parke – falls auto-mobil unterwegs – unbedingt am Ortseingang und suche die **Kirche**, einen – jetzt verputzten – Feldsteinbau aus der ersten Hälfte des 14. Jahrhunderts, wie die gotische Dreifenstergruppe in der Ostwand zeigt. Der Fachwerkdachturm stammt aus dem Jahre 1712, der Turmhelm von 1826. Bis 1999 wurde die Kirche restauriert.

Von hier aus ist das ehemalige Gutshaus schon in Sicht. Der hergerichtete lang gestreckte, zweigeschossige Putzbau trägt ein Krüppelwalmdach und entstand 1799 für den Hauptmann von Bandemer. 1901 erwarb die Stadt Berlin das Gut, 1949 wurde es ein volkseigenes Gut. Das Volk scheint sich nicht gut um das Anwesen gekümmert zu haben, denn 1990 kaufte der jetzige Besitzer, Thomas Worm, eine reichlich heruntergekommene Anlage und bemühte sich, die Gebäude denkmalgerecht herzurichten. Hinter dem Haus ist der ehemalige Garten heute den bis zu zweitausend Durstigen gewidmet, die hier trinken und dabei den Blick über weites märkisches Land schweifen lassen können. Diese ursprünglich sumpfige Gegend wird über den bereits erwähnten Nuthegraben in die Nuthe entwässert, die in Potsdam in die Havel mündet.

Auch bei weniger warmem Wetter kann man auf dem Gelände von **Schloss Diedersdorf** einkehren, beispielsweise im Pferdestall, in dem die alten Tränken, Futterkrippen und Balken für Atmosphäre sorgen. Darüber hinaus gibt es im Kuhstall eine Musikantenscheune, aus dem Fernsehen bekannt, einmal monatlich einen Bauernmarkt in der Markthalle und weitere Großveranstaltungen wie das Oktoberfest. In der Schmiede werden Grillspezialitäten gereicht; es gibt ein Trauzimmer, Tagungsräume, ein Spiel-Schloss für Kinder, Läden zum Erwerb von Mitbringseln – und in der Mitte des Schlosshofes steht der alte Taubenturm.

Wer einen Kontrast zur Großgastronomie sucht, wird wenige Meter entfernt neben der Feuerwache fündig: **Zum Spritzenhaus** bietet Platz für ein knappes Dutzend Menschen – die Alternative zum Massen-Durst-Löschen.

Schloss Diedersdorf
Restaurant, Biergarten und Hotel
Kirchplatz 5–6
15831 Diedersdorf
Tel. 033 79/35 35-0
Fax: 033 79/35 35-35
E-Mail: SchlossDiedersdorf@t-online.de
Internet: www.SchlossDiedersdorf.de
tgl. ab 10 Uhr

Zum Spritzenhaus
Restaurant und Biergarten
Dorfstraße 16a
15831 Diedersdorf
Tel. 033 79/37 14 84

Mit den Öffentlichen/dem Rad unterwegs

ÖPNV
- RE5, RB24, S2 bis Blankenfelde, werktags mit Bus 720, wochenends mit Shuttle-Bus bis Diedersdorf
- ab S-Bhf. Berlin-Lichterfelde Ost (S25) Bus 184 über Teltow, Ruhlsdorfer Platz und Kleinmachnow, Freibad Kiebitzberge bis Kleinmachnow, Am Hochwald (Schleuse)
- ab U-Bhf. Oskar-Helene-Heim (U2) oder S-Bhf. Zehlendorf (S1) Bus 623 über Kleinmachnow, Meiereifeld/Zehlendorfer Damm (zur Rammrathbrücke) und Am Weinberg (Bäkemühle) bis Stahnsdorf, Bahnhofstraße (Kirchhof)

Schiffsverbindungen

Die Stationen Zehlendorf-Teltow, Knesebeckbrücke sowie Teltow, Hotel Courtyard Marriott und Schleuse Kleinmachnow sind mit Linienfahrten der Stern und Kreisschifffahrt zu erreichen (Auskunft siehe Praktische Hinweise)

Fahrradtouren

- Ab S-Bhf. Zehlendorf (S1) über Teltower Damm und Ruhlsdorf nach Großbeeren und Diedersdorf, von hier Richtung Birkholz, rechts bis S-Bhf. Mahlow
- Ab S-Bhf. Zehlendorf (S1) über Machnower Straße nach Kleinmachnow; Zehlendorfer Damm bis Bäkedamm, Alte Potsdamer Landstraße, vor dem Friedhof rechts über die A115, am Teltowkanal nach Kohlhasenbrück bis S-Bhf. Griebnitzsee
- Ab S-Bhf. Mexikoplatz (S1) über Lindenthaler Allee nach Kleinmachnow, Hohe Kiefer bis Schleuse, Stahnsdorf, Güterfelde; weiter über Großbeeren und Diedersdorf bis S-Bhf. Dahlewitz

Zu Fuß und im Wasser

Wandern

- Ab Teltow, Ruhlsdorfer Platz entlang des Teltower Kanal bis S-Bhf. Griebnitzsee
- Ab Diedersdorf südlich durch die Nutheniederung, nördlich Autobahn bis Jühnsdorf, nördlich Rangsdorfer See bis Bhf. Rangsdorf
- Ab S-Bhf. Zehlendorf (S1) über Machnower Straße, links am Buschgraben entlang zum Kanal, abwärts am Machnower See bis Schleuse, über Alte Potsdamer Landstraße zum Südwest-Kirchhof, zurück mit Bus 623 ab Bahnhofstraße

Baden

- Freibad Kleinmachnow, Sportforum Kiebitzberge

Westlich Berlins durchs Havelland

8 Werder und der Schwielowsee

Die Ortschaften der Route

Ferch, Petzow, Glindow, Werder, Geltow, Caputh

Das Ausflugsgebiet

Der Landstrich ist sehr vielfältig, einem Museum folgt das nächste Schloss, Traditionsgasthäuser, Obstbau, Ziegeleigeschichte, Kulturstätten, Hügel und Niederungen – es wäre fast schon ein bisschen viel der Abwechslung, wenn da nicht überall das Wasser wäre. Der weite Schwielowsee und die breite Havel – ihre blanken Flächen strahlen Ruhe aus, speichern im Winter oft noch Wärme und kühlen im Sommer, sodass ein liebliches Ganzes entsteht.

Ferch
Am südlichen Ende des Schwielowsees liegt das ehemalige Fischerdorf Ferch.

Die Fachwerkkirche der Fischer aus der Mitte des 17. Jahrhunderts liegt auf einem kleinen Hügel im Dorf. Südöstlich begrenzt der Wietkiekenberg den Ort. Er ist für brandenburgische Verhältnisse gewaltige 125 Meter hoch. Die Burgstraße führt am alten Schulhaus vorbei hinauf zu Berg und Waldrand.

Am Seeufer liegt das Hotel, Café und Restaurant **Landhaus Ferch** neben dem **Strandbad** mit Bootsverleih. Hier, am Ortsausgang Richtung Caputh, lässt sich auf der Terrasse auch noch die Abendsonne genießen. Oder man besucht die Fercher **Obstkistenbühne**, ein rustikales Freilichttheater im Hof des Bauernhauses von Wolfgang und Ingrid Protze. Unter einer hundertjährigen Linde klingen von Mai bis September Jazz, Literatur, Folklore oder Klassik aus dem märkischen Kieferholz, aus dem die Bühne gezimmert wurde. Die Mischung aus Geschichten und Chansons, in der die Protzes sich dem Allgemeinen und dem Havelland im Besonderen annehmen, sollte man nicht verpassen.

Auch das **Hotel Restaurant Bootsklause** liegt direkt am Ufer. Ob Wintergarten oder Terrasse – man hat vom Südende des Sees einen wunderbaren Blick über fünfeinhalb Kilometer Wasser. Wo viel Wasser, da auch Fisch. Frischer Fisch bildet wie in den meisten Häusern der Gegend auch in der Bootsklause einen Schwerpunkt der Karte. Zur Zeit ihrer Gründung 1950 wurde die Bootsklause ihrem Namen durchaus gerecht; heute ist das Gasthaus und Hotel durch die Arbeit der mittlerweile drei Generationen so gewachsen, dass der Name eher eine liebevolle Erinnerung an frühere Zeiten ist.

Theodor Fontane schreibt in seinen »Wanderungen durch die Mark Brandenburg«: »Der Schwielow ist eine Havelbucht im großen Stil wie der Tegeler See, der Wannsee, der Plauesche See. Allesamt sind sie Flusshaffe, denen man zu Ehre oder Unehre den Namen ›See‹ gegeben hat. Unter allen Havelbuchten ist der Schwielow die größte und sehr wahrscheinlich auch die neueste.« Weiter schreibt er, die Havel habe in einer Sturmnacht vor über tausend Jahren an der heutigen Fährstelle von Caputh einen Durchbruch geschaffen, dabei das südliche Moorland überschwemmt und den heutigen See gebildet. Zuvor sei sie nördlich von Geltow geflossen. Das Ergebnis sagte Fontane jedenfalls zu: »(...) der Schwielow ist breit, behaglich, sonnig und hat die Gutmütigkeit aller breit angelegter Naturen.«

Folgt man dem Ufer Richtung Petzow, liegt im Ortsteil **Neue Scheune** das Hotel und Restaurant **Haus am See**. Die Betreiberfamilie wohnt in dem hundertjährigen Altbau, die gediegen wirkenden Restauranträume liegen dagegen im etwas süddeutsch anmutenden Erweiterungsbau von 1993. Der großzügige Terrassen-Biergarten streckt sich unter Bäumen unmittelbar bis zum See und dem Anlegesteg der Weißen Flotte Potsdam, die in der Saison täglich anlegt.

Freilichttheater Fercher Obstkistenbühne
Dorfstraße 3a
14548 Ferch
Tel. 03 32 09/714 40
Fax: 03 32 09/729 63
E-Mail: fercherobstkistenbuehne@t-online.de
Mai–Sept.

Landhaus Ferch
Café, Restaurant und Hotel
Dorfstraße 41 (neben Strandbad und Bootsverleih)
14548 Ferch
Tel./Fax: 03 32 09/703 91

Bootsklause
Restaurant und Hotel
Seeweg 5
14548 Ferch
Tel. 03 32 09/706 16
Fax: 03 32 09/723 34

Haus am See
Restaurant, Biergarten und Hotel, Schiffsanlegestelle
Neue Scheune 19
14548 Ferch
Tel. 03 32/709-55, -61, -62
Fax: 03 32 09/704 96
E-Mail: HotelHausamSee@gmx.de
Internet: www.hotel-hausamsee.de

Petzow

In Petzow, einem Ortsteil von Werder, ist ein bemerkenswertes Ensemble aus Gebäuden der Romantik des beginnenden 19. Jahrhunderts erhalten. Der Ort liegt zwischen dem Schwielow- und dem Glindowsee. Als sei dies nicht genug des Wassers, gruppiert sich die
Anlage um den kleinen Haussee. Schloss, Dorfkern und Kirche lie-

gen auf einem Höhenrücken über dem See. Gleich dreimal lockt es, hier einzukehren. Zunächst liegt die kleine, aber reizvolle **Alte Schmiede** zwischen Dorf und Kirche. Sie verfügt über 26 Innenplätze sowie eine Terrasse und ist eine gerade wegen der – auf eine Hügelspitze gedrängten – Überschaubarkeit reizvolle Lokalität, von einem roten Zeltdach bedeckt.

Wenige Schritte entfernt wartet auf dem Weg zum Schloss die Wirtsfamilie der **Fontane-Klause** auf Gäste. Hier wird Wert gelegt auf frische einheimische Zutaten und Selbstgemachtes. Hinter dem Haus kann man, unter Sonnenschirmen sitzend, den Blick über Wiesen Richtung See schweifen lassen.

Am Ende der Straße liegt schließlich das Schloss; auch hier kann man am **Restaurant Schloss Petzow** die Terrasse zum Speisen nutzen.

Gerne wird kolportiert, Schinkel habe bei der Gestaltung des um 1825 entstandenen **Schlosses Petzow** mitgewirkt. Und angeblich soll auch der kongeniale Gartenarchitekt Lenné den zugehörigen Park mitgeplant haben. Beides ist nicht gesichert, fest steht jedoch, dass das Schloss 1952 um einen Seitenflügel erweitert wurde.

Vom ehemaligen Wirtschaftshof nördlich des Schlosses ist die Einfahrt im Tudor-Stil erhalten. Der Park von 1820, erweitert 1845, wurde bis 1999 wiederhergestellt; dazu gehört auch die Bogenbrücke über den Ausfluss des quellengespeisten Haussees in den Schwielow-See. Der Rundweg bietet charmante Ausblicke auf das bauliche Beiwerk, so das Fischer- und das Wasch- oder Bootshaus sowie die erwähnte Schmiede, restauriert 1989. Die Südspitze des Parks markiert das Schilftor.

Das Dorf Petzow befand sich seit 1437 im Besitz des Klosters und späteren kurfürstlichen Amtes Lehnin. Die Lehnschulzen der Familie Kähne verwalteten das Gut ab dem Ende des Dreißigjährigen Krieges. Der 1740 geadelte Friedrich August Kähne ließ zwanzig Jahre zuvor die Neuanlage des Schlosses mit Landschaftspark und Kirche beginnen. Von 1845 an war Petzow genau hundert Jahre ein Rittergut der Kähnes, 1929 nach Werder eingemeindet. Gutsherr Karl III. vertrieb nach 1910 persönlich jeden, der seinen 1 600 Hektar großen Besitz betreten wollte. Sein Nachfolger Karl IV., der dieses Geschäft mit der Jagdflinte besorgen wollte, landete eben deshalb 1927 vor Berliner Gerichten und als »Schießkähne« in den Zeitungen. Ein unzufriedener Kurt Tucholsky schreibt dazu in der »Weltbühne«: »Mit Landrat und Richtern im Amtsgestühl / Zusammengehörigkeitsgefühl. / Kein Gendarm, kein Landjäger siehts. / Herr Hauptmann schießt auf die ganze Justiz. / Hat Waffen, Freiheit, Helfershelfer / von Potsdam bis Petzow ... / Wozu das Gebelfer?«

Die »Weltbühne« hält fest, dass zwei Menschen für die nächtliche Rotfärbung eines Hohenzollerndenkmals – wohlgemerkt 1922, in der Republik! –, für einen Dummenjungenstreich also, je zwei Jahre Haft bekommen, während Junker Kähne für drei Gewehrkugeln auf ein harmloses Reiseautomobil 10 000 Mark Geldstrafe zahlen muss.

Früchtchen anderer Art erhält man im **Frucht-Erlebnis-Garten**, dem Hofladen von Frau Berger an der ehemaligen Gärtnerei, darunter viele extrem vitaminreiche Sanddorn-Produkte eigener Herstellung.

Die **Kirche** des Ortes steht genau in der Sichtachse der Zelterstraße. Hier zeichnete nun 1838 tatsächlich Meister Schinkel den Entwurf. Der Turm wurde durch eine offene Bogenhalle an den neuromanischen Bau angebunden und dient als Aussichtsturm. Während das Schloss im so genannten englischen Stil neugotisch gehalten ist und auch das Dorf dazu passend gestaltet wurde – Schmuckgiebel und Schornsteine lassen ein wenig an England denken – ist die Kirche ein Stück Italien in Brandenburg. Allerdings ist sie aus einheimischen Ziegeln gebaut, die in Sichtweite am Glindowsee hergestellt wurden.

Kultur

Frucht-Erlebnis-Garten
Fercher Straße 60
14542 Petzow
Tel. 033 27 / 46 91-0
Fax: 033 27 / 46 91-24
Internet: www.Sandokan.de

Gastronomie

Alte Schmiede
Café und Restaurant
Fercher Straße 162
14542 Petzow
Tel. 033 27 / 455 35
Do geschlossen

Fontane Klause
Zelterstraße 2
14542 Petzow
Tel./Fax: 033 27/423 44
Di geschlossen

Schloss Petzow
Café, Restaurant und Hotel
Zelterstraße 5
14542 Petzow
Tel. 033 27/46 94-0
Fax: 033 27/46 94-30

Glindow

Zwischen Petzow und Glindow liegen am Südufer des Glindowsees die Glindower Alpen. Zwischen den – zumindest im Winter zeitweilig – schneebedeckten Gipfeln dieses schluchtenreichen märkischen Gebirgsmassivs und dem See zeigt das **Märkische Ziegeleimuseum Glindow** nicht nur die Geschichte der einst 18 Glindower Ziegeleien, sondern als Museum im Betrieb auch die Herstellung. Alles dreht sich um den richtigen Ton, seit die Mönche aus Lehnin 1462 hier nach dem Rohstoff für die Backsteine gruben. Der Name Glindow enthält das slawische Gli(e)n für Ton; die »Alpen« entstanden großteils aus dem Abraum und Abräumen der Tongruben. Bei einem Besuch des Museums kann man den denkmalgeschützten und reizvoll geschmückten Ziegelturm in der Mitte des Areals besteigen und die Funktionsweise der beiden Ringöfen kennen lernen. Nebenbei ist zu erahnen, wie viel Berlin aus Glindow kommt.

Da Ziegel Hunger nicht stillen, ist auf dem Weg in den Ortskern das **Restaurant Porta Helena** zu empfehlen. Vom Wasser aus ist der Yachthafen leicht zu finden, Landratten sollten das Jahnufer suchen. Ein kurzer Spaziergang vom Glindower Marktplatz führt in die gepflegte Gaststätte mit Terrasse, Seeblick und Schiffsmodellen. Wem dabei nach Wasser zumute wird, der findet wenig weiter das **Strandbad**.

Im Dorf Glindow hat die neugotische Kirche, 1853 unter August Stüler entstanden, zwar einen Sockel aus Feldstein, teils vom spätgotischen Vorläuferbau, ausgeführt wurde sie jedoch selbstredend in Backstein. Unweit der Kirche befindet sich das **Heimatmuseum** in einem 1769 erstmalig erwähnten Büdnerhaus mit Schwarzer Küche, das seit 1997 von engagierten Bürgern des Heimatvereins betrieben wird und sich zu einer Art inoffiziellem Seniorentreff entwickelt hat – ältere Menschen sind ja schließlich auch wandelnde Heimatgeschichte.

Fast in Sichtweite, in der Dorfstraße 40, ist der ebenfalls von einem Verein getragene **Kunsthof Glindow** Treffpunkt auch für Jugendliche und Kinder. Es gibt ein Café und den alten Saal des früher hier ansässigen Gasthauses Albrecht. Der Kunsthof ist Domizil des »Ton und Kirschen Theater Glindow«, einer preisgekrönten Wandertheatergruppe. Malerei, Keramik und mehr wird in den zu Werkstätten umgebauten Stallgebäuden erlernt und hergestellt.

Märkisches Ziegeleimuseum Glindow
Alpenstraße 47
14542 Glindow
Tel. 033 27 / 458 20
Fax: 033 27 / 426 62
E-Mail: info@glindower-zieglei.de
Internet: www.dhm.de / museen / Brandenburg / Glindow
März–Okt.; Einlass nur mit Führung

Heimatmuseum Glindow
Kietz 3
14542 Glindow
Tel. 033 27 / 401 42
März–Okt.: Sa, So

Kunsthof Glindow
Dorfstraße 40
14542 Glindow
Tel. 033 27 / 700 06
Fax: 033 27 / 73 01 01

Gastronomie

Restaurant Porta Helena
Jahnufer 8
14542 Glindow
Tel. 033 27/46 89-0
Fax: 033 27/46 89-13
Internet: www.porta-helena.de

Freizeit

Strandbad Glindow
Campingplatz
Jahnufer 41
14542 Glindow
Tel. 033 27/421 77
Fax: 033 27/46 89-13

Werder

In Werder sollte man reif für die Insel sein – denn die **Altstadt** liegt auf einer Insel in der Havel. Vom Westufer führt seit 1317 eine mehrfach erneuerte Brücke zur Inselstadt; zum Ostufer verkehrt eine Personenfähre. Zwischen Fähre und Brücke entstand in der Mitte der Insel eine regelmäßig angelegte deutsche Stadt mit Marktplatz. Südlich ist auf dem Mühlenberg mit Rathaus, Kirche und Friedhof der unregelmäßige Grundriss eines älteren slawischen Dorfes zu erkennen. Das nördlich vom Turm der katholischen Kirche Maria Meeresstern gelegene Drittel der Insel ist von Sportplätzen und Kleingärten belegt.

Die Inselstadt ist geprägt von ein- und zweigeschossigen Bürgerhäusern aus dem 18. und frühen 19. Jahrhundert. Überragt wird sie von der evangelischen Heilig-Geist-Kirche. Der neugotische Bau entstand bis 1858 nach Entwürfen Stülers unter Verwendung von Mauerresten des mittelalterlichen Vorläufers auf dem höchsten Punkt der Insel. Davor steht das Alte Rathaus, im Kern aus der ersten Hälfte des 18. Jahrhunderts und Ende des 19. Jahrhunderts neubarock verändert. Unweit davon, Kirchstraße 14, wurde am Vorabend der Märzrevolution 1848 Karl Hagemeister, der Maler der Mark, geboren; er starb hier 1933. Zur Überraschung seiner Eltern wollte er nicht Obstzüchter, sondern Maler werden, und er setzte sich durch. Bereits in der späten Kaiserzeit erkannte man seine Meisterschaft, die Nationalgalerie zeigte seine Werke 1923.

Ferner steht auf dem **Mühlenberg** eine Bockwindmühle als Ersatz für die verschwundenen ehemals drei Namensgeberinnen des Hügels. Dieses Exemplar stammt aus Klossa, heute Stadtteil von Jessen an der Schwarzen Elster, und wurde aufgrund des hartnäckigen Engagements der Werderaner Bürger 1987 hier aufgebaut.

Neben dem Alten Rathaus befindet sich hinter einem liebevoll gestalteten schmiedeeisernen Zaun die **Touristen-Information**. Zudem ist hier das **Obstbau-Museum** im ehemaligen Stadtgefängnis untergebracht – ein passender Ort, wird doch das hiesige Obst oft in die Gefangenschaft einer engen Flasche gesteckt, nachdem es zu Alkohol geworden ist. Dieses flüssige Obst spielt eine große Rolle beim jährlichen **Baumblütenfest**, das sich seit 1879 zum größten Volksfest der Region entwickelt hat und bei dem eben nicht nur die Blütenpracht der Obstgärten um Werder eine Rolle spielt. Das ist auch gut so, denn die Blütenpracht ist arg geschrumpft. Etwa achtzig Prozent der zuvor 10 000 Hektar Obstplantagen wurden nach der Wende brachgelegt. Dies hat viele Gründe. Zum einen waren teils schlecht gepflegte Apfelmonokulturen darunter, deren Produktpreis auf dem globalisierten Markt unterboten wurde. Ein anderes Problem ist als Spätfolge aus der Kollektivierung der 1960er Jahre entstanden, als viele Obstbauern-Familien allmählich den Kontakt zu den ihnen nicht mehr gehörenden Böden verloren und ihre Kinder sich andere Berufe suchten. Mancher Landwirt und Obstbauer fragt sich allerdings, ob das heutige Subventionierungssystem im EU-Rahmen sinnvoller organisiert ist. Die heutigen Betriebe setzen jedenfalls auf Selbstvermarktung und gesunde, rückstandsarme Produkte. Im Werderschen Obst- und Gartenbauverein sind mehrere Unternehmen zusammengeschlossen, die einen Hofverkauf unterhalten und den Käufern anbieten, ihre Äpfel oder Erdbeeren selbst zu pflücken. Auskunft geben die Tourismusinformation und das Obstbau-Museum.

Statistisch – im langjährigen Mittel – beginnt der obstfreundliche Frühling in Werder vor Ende April, fünf Tage früher als im Umland. Das liegt an den Sandböden, die sich schneller erwärmen, den geschützten Hängen, der Regenbarriere Fläming und an der Wärmespeicherkapazität der vielen Gewässer der Gegend. Das milde Klima führte auch dazu, dass seit 1985 auf dem **Wachtelberg** der – laut Eigenwerbung – nördlichste kommerziell betriebene Weinberg Europas liegt. Der trockene Wein des Sandhügels kann hier verkostet, gekauft und beim Wachsen besichtigt werden.

Das älteste Gewerbe der Stadt ist jedoch die Fischerei – entsprechend ist das Angebot des **Fischrestaurants Arielle** am Ostufer der Insel. In das gemütliche Restaurant im ersten Stock führt ein mit Bildern von Prominenten geschmückter Treppenaufgang. Obwohl hier anscheinend Stars wie Frank Zander und Politiker wie Jörg Schönbohm verkehren, kann man es sich schmecken lassen. Im Sommer gibt es im Garten am Pavillon mit Selbstbedienung eine begrenzte Zahl an (auch frisch geräucherten Fisch-) Gerichten. Die Dampfer-Anlegestelle wird von Linienschiffen angesteuert.

Das modern eingerichtete **Galeriecafé** am Markt zeigt in zwei Gasträumen Ausstellungen zeitgenössischer Kunst. Doch auch die Außenplätze haben ihren Reiz, denn man schnuppert Inselstadt-Atmosphäre und sitzt auch im Frühling und Herbst geschützt.

Am westlichen Festlandufer ist seit 1713 die **Vorstadt** entstanden, die durch den Eisenbahnanschluss 1846 wuchs und deren auf die Inselbrücke zuführender Boulevard Unter den Linden heißt. Am Hohen Weg wird nicht nur traditionell das Blütenfest gefeiert, sondern hier gibt es auch die meisten Schenken. Ob das auf dem Hügel gelegene Gasthaus Friedrichshöhe mit großem Biergarten und grandioser Aussicht wieder öffnen wird, ist noch unklar.

Werder wächst immer noch, im Norden beispielsweise auf den Havel-Auen. Hier, in der Mielestraße, befindet sich das **Zweiradmuseum**. Mehr als 50 und bis zu 80 Jahre alte Fahr- und Motorräder sind zu besichtigen. Frischeres kann man unter anderem auf dem Weg nach Geltow an der Berliner Straße im Werderaner Obst- und Gemüsemarkt mitnehmen. Er liegt auf dem Strengfeld unterhalb des Wachtelberges an einem neuen Einkaufszentrum, dem Werderpark.

Info

Touristen-Information Werder
Kirchstraße 6/7
14542 Werder
Tel. 033 27/78 33-74
Fax: 033 27/78 33-22
E-Mail: werder-tourimus@t-online.de
Internet: www.werder-havel.de

Kultur

Obstbau-Museum
Kirchstraße 6/7
14542 Werder
Tel. 033 27/78 33-74 (Auskunft über
Touristen-Information)
Apr.–3. Okt.

Zweiradmuseum
Mielestraße 2
14542 Werder
Tel. 033 27/409 74

Gastronomie

Weinberg Wachtelberg
Obst- und Weinbau Dr. Lindicke
Kölner Straße 16
14542 Werder
Tel. 033 27/446 70
Fax: 033 27/495 42
E-Mail: mlindicke@t-online.de
Internet: www.wachtelberg.de

Arielle (Fischwirtschaftsmeister M. Schuldt)
Restaurant, Schiffsanlegestelle, Bootsrundfahrten
Fischerstraße 33
14542 Werder
Tel. 033 27/456 41
E-Mail: fischrest-arielle@t-online.de
Internet: home.t-online.de/home/fischrest-arielle
Di–So ab 11.30 Uhr

Galeriecafé
Café, Ausstellungen
Am Markt 7
14542 Werder
Tel. 033 27/73 26 94
Di und Do geschlossen

Radsport Franke & Sohn
Fahrradverleih
Carmenstraße 11 (über Hoher Weg/Kemnitzer Chaussee)
14542 Werder
Tel./Fax: 033 27/443 70

Bootsverleih in Werder
Unter den Linden 17 (an der Inselbrücke)
14542 Werder
Tel. 033 27/424-24
Fax: 033 27/424-21

Geltow
Die Baumgartenbrücke führt von Werder und Petzow auf das Havelufer in Geltow. Zu Füßen der Brücke liegt das in seinem Backsteinkleid fast holländisch wirkende **Gasthaus Baumgartenbrück** von 1748. Die Ansicht der Landschaft von der Terrasse über dem Schwielowsee ist so lieblich, dass die Hochbrücke eher ein dynamisches Element der Gesamtkonzeption darstellt, als dass sie stört. Wildkatzen in Bronze stehen als Reste der 1945 gesprengten alten Brücke am Ufer. Fontane berichtete noch von einer Zugbrücke. Im Mittelalter querte man den Fluss mittels einer Furt, die die Geltower mit Pferdeschädeln gepflastert haben sollen, um den schlammigen Untergrund zu befestigen. Aus diesem Grund findet man im heutigen Geltower Wappen auch einen Pferdeschädel – unter drei Rosen, die auf die Vergangenheit der Gemeinde als Blumenzuchtstadt und das derzeitige Aufblühen hinweisen sollen.

Einer der Gäste in Baumgartenbrück war der bereits erwähnte Karl Hagemeister. Der Maler stärkte und wärmte sich nach der Arbeit, denn sein Atelier war zu jeder Jahreszeit die geliebte freie märkische Landschaft. Doch es gab auch Menschen, die es hier wegzog, zum Beispiel den Major Ferdinand von Schill im Jahre 1809. Er glaubte, dass aufgrund der Situation in Österreich und Westfalen auch in der Mark die Zeit gekommen sei, sich gegen die Franzosen zu wehren und überschritt an dieser Stelle mit seinem Husarenregiment die Havel. Damit waren die Männer nicht nur ein Freikorps, sondern für die Franzosen auch Freiwild. Nach Anfangserfolgen starb Schill, von seinem König allein gelassen, im Kampf in Stralsund. Am Franzensberg, gleich neben dem Wirtshaus-Grundstück, steht eine neu gepflanzte Schill-Linde, die an den Vorgängerbaum erinnert, an den gelehnt Schill seiner überraschten Truppe den Marschbefehl ins napoleonisch kontrollierte Gebiet gab. Die richtige Schill-Linde stand sogar direkt auf dem Grundstück, wurde aber Mitte der 1980er Jahre durch einen Blitz gefällt.

Auf dem Berg oberhalb der Gaststätte bietet der **Karlsturm** – vor allem im Winter, wenn die Bäume kahl sind – eine grandiose Aussicht über den gesamten Schwielowsee. Der Turm ist jedoch in Privatbesitz; das war er schon zur Erbauungszeit 1870, als Prinz Karl von Preußen ihn sich errichten ließ. Weitere große Tiere, aber auch kleinere leben heute auf dem Berg im **Heimattierpark**.

Der **Dorfkern** von Geltow liegt westlich der Bundesstraße 1, markiert durch die neugotische Kirche von 1887. Wenige Meter entfernt, fällt ein niedriges Haus mit Stockrosen davor auf. Das **Handwebereimuseum Geltow** ist ein aktives Museum. Hier wird an bis zu dreihundert Jahren alten Webstühlen gearbeitet. Damit sind die Maschinen älter als das kleine Haus, das als Fischerhaus Mitte des 18. Jahrhunderts entstand. Die Werkstatt ist im ehemaligen Tanzsaal des benachbarten und 1880 gebauten Gasthauses untergebracht, die Ausstellung im früheren Gastraum.

Im Jahr 1939 zog Henni Jaensch-Zeymer mit ihrer Weberei nach Geltow, seit 1987 führt Ulla Schünemann, deren Mutter schon hier arbeitete, den Betrieb. Er kam nach der Wende zum Stillstand, weil niemand mehr DDR-Produkte kaufen wollte, ungeachtet der Qualität. Mit dem Konzept des Aktiven Museums bekam man dann Fördermittel, und diese Geschichte von Frauenkraft zog seit 1992 schon über 27 000 Besucher und Besucherinnen an. Viele haben sich eine der hübschen und zudem benutzbaren Erinnerungen erworben, die jetzt vor allem aus Leinen bestehen. Die Webstühle hat Henni Jaensch 1939 gebraucht aus Chemnitz, Bayern oder Polen gekauft, die Gebäude stehen unter Denkmalschutz.

Folgt man dem Havelufer nach Norden, findet man im Geltower Ortsteil Wildpark-West die **Anglerklause**. Die Straßen der Datschensiedlung sind ruhig, die Lage der Anglerklause am Wasser idyllisch. Hier legt die Personenfähre von Werder an. Die nächste **Badestelle** ist nur ein paar Schritte entfernt. Das Beste ist jedoch der so genannte Oberförster-Blick vom Steg über die Havel zur Inselstadt hinüber.

Kultur

Handweberei-Museum Geltow
Am Wasser 19
14542 Geltow
Tel. 033 27/552 72
Di–So 11–17 Uhr

Gastronomie

Restaurant Baumgartenbrück
Baumgartenbrück 4–5
14542 Geltow
Tel. 033 27/552 11
Mo geschlossen

Anglerklause
Havelpromenade 2b
14542 Wildpark-West
Tel. 033 27/554 84
Fax: 033 27/550 03
Do geschlossen

Caputh
Nähert man sich Caputh von Geltow aus, liegt links der Petzinsee. Zum Caputher **Strandbad** aber muss man die Bahnbrücke unterqueren, die die Züge vom Westufer des Caputher Gemündes über das Wasser trägt. Somit liegt das Strandbad am Schwielowsee.

Der Schwielowsee ist nicht das einzige Gewässer des Orts. Im Süden streckt sich der Caputher See in den Wald; im Norden wird der Ort vom Templiner See begrenzt. Die Havel schiebt ihre Wasser vom Templiner in den Schwielowsee durch das Gemünde, das von einer Autofähre gequert wird. Seit 1853 verkehrt die Seilfähre im Familienbesitz. Der nächste Familienbetrieb wartet gleich daneben; in der hundertjährigen **Gaststätte Fährhaus Caputh** empfiehlt sich nicht nur der selbst gebackene Kuchen: Die verglaste alte Holzveranda und die Terrassen bieten einen angenehmen Aufenthalt.

Auf der anderen Straßen- und Fährseite belebt die Gartenterrasse der Konkurrenz das Geschäft. Im Mai 1997 eröffnete das **Landhaus Haveltreff**, ein Haus mit freundlichem Dalmatiner und ebensolchem Personal. Eine exemplarische Situation für das Gastgewerbe Brandenburgs: Hat das eine Haus vielleicht (noch) ein bisschen zuviel der alten Patina, wirkt das neue (noch) ein wenig zu steril. In diesem Falle lohnt es, nacheinander auf beiden Straßenseiten zu sitzen – natürlich nur des Tests wegen, nicht etwa, weil man faulenzen möchte. Vielleicht kommt auch eine teure Karosse des Weges, deren computergesteuertes Navigationssystem hier eine Brücke vorsieht. So geschehen Weihnachten 1998: Der technikgläubige Limousinenbesitzer landete auf den Seilen der Fähre im Wasser. Er konnte sich zum Glück noch befreien und bekam ein neues Fahrzeug von der bayerischen Autofirma, deren System brückenhaft war.

Wer auf solches nicht warten und sich zwischen den beiden Terrassen nicht entscheiden möchte, hat in Caputh eine weitere Möglichkeit, am See zu sitzen und es sich bei Essen und Trinken gut gehen zu lassen. Das **Märkische Gildehaus** ist Tagungshotel der Handwerkskammer Potsdam. Auf dem großen grünen Grundstück stehen mehrere Gebäude; in der zentralen Villa befindet sich das Restaurant mit Terrasse wasserwärts. Am Ende des einstöckigen Hoteltraktes und direkt am Schwielowsee liegt das kleine Ufercafé. Ein Steg verschafft den nötigen Überblick, der die Baumgartenbrücke und Petzow umfasst.

Am Templiner See steht das einzig erhaltene Schloss der Potsdamer Kulturlandschaft, das aus der Zeit des Großen Kurfürsten Friedrich Wilhelm stammt, das **Schloss Caputh**. Seit Mitte des 16. Jahrhunderts war das Anwesen in kurfürstlichem Besitz. 1594 wurde es als

Landsitz für Kurfürstin Katharina, Gattin des Joachim Friedrich, eingerichtet. Nach Zerstörungen im Dreißigjährigen Krieg schenkte der Große Kurfürst dem Baumeister und späteren Generalquartiermeister Philipp de Chièze 1662 die Reste. Unter deren Einbeziehung ließ Chièze den Kern des heutigen Schlosses errichten. Ab 1671 wurde das Landhaus – jetzt wieder landesherrlich – für Kurfürstin Dorothea, die zweite Frau des großen Kurfürsten, zur dreiflügeligen Sommerresidenz ausgebaut. Kurfürstin Sophie Charlotte war Caputh um 1690 zu ruhig; sie zog es vor, den Bau des heutigen Schlosses Charlottenburg zu beginnen. Danach wurde das Schloss Caputh nur noch gelegentlich benutzt. Seit 1820 Privatbesitz, kam 1909 der neubarocke Westflügel hinzu. 1995 übernahm die Stiftung Preußische Schlösser und Gärten die Anlage und machte sie 1999 museal zugänglich. Sehenswert ist innen die Ausstattung, darunter der Sommerspeisesaal im Souterrain, der mit 7 000 holländischen Fayencefliesen, jede ein Unikat, ausgekleidet ist. Zur Zeit des ersten preußischen Königs Friedrich I., dem Gatten der Sophie Charlotte, ging das preußische Barock unter dem Baumeister Schlüter neue Wege. Schloss Caputh ist somit in seiner überschaubaren, heiteren Art das erhaltene und glücklicherweise wiederhergestellte Beispiel für die vorschlütersche Zeit.

Die **Kirche** gegenüber ist dagegen im öfter anzutreffenden Rundbogenstil vom ebenfalls häufiger erwähnten August Stüler bis 1852 entworfen worden. Allerdings ist sie – auch innen – ein besonders eindrucksvolles Beispiel für Stülers Kunst. Selten bei einer Dorfkirche dieser Art ist die dreischiffige Pfeilerbasilika. Wer die Kirche San Zeno Maggiore von 1138 in Verona kennt, wird mit der hiesigen Westfassade schneller italienische Gefühle bekommen. Das preußische Arkadien findet sich auch in Caputh. Zur erhaltenen Innenausstattung gehört eine Taufschale Schinkels und ein Relieffries der Königlich Preußischen Porzellanmanufaktur KPM von 1840. Somit ist die Kirche ein Stück gebautes Preußen par excellence.

Ein Haus ganz anderer Art steht an der Straße Am Waldrand, am Hang über dem Ortsausgang Richtung Potsdam. Das Sommerhaus des Direktors vom Berliner Kaiser-Wilhelm-Institut für Physik in Dahlem, Albert Einstein, bewohnte dieser zweieinhalb Jahre bis zur Emigration 1932. Einstein wollte sich von der Stadt Berlin zu seinem 50.

Geburtstag im März 1929 kein Haus schenken lassen, er kaufte stattdessen selbst ein Grundstück, hier am Templiner See, den er von Segel-
ausflügen gut kannte. Konrad Wachsmann, bedeutender moderner
Holzbautechniker, arbeitete so gut mit Einstein zusammen, dass das
Einstein-Haus im Herbst 1929 bezogen werden konnte. Nach 1945
wurde hier eine Berufsschule untergebracht; nun bemüht man sich
um die Öffnung und Erhaltung der Gedenkstätte.

Info

Fremdenverkehrsverein Schwielowsee
Lindenstraße 56
14548 Caputh
Tel. 03 32 09/708-99
Fax: 03 32 09/708-86
E-Mail: fvv@schwielowsee.de

Kultur

Schloss Caputh
Straße der Einheit 3a
14548 Caputh
Mitte Mai–Mitte Okt.: Di–So;
Nov.–März: Sa, So

Einstein-Haus
Am Waldrand
14548 Caputh
Sa, So und an Feiertagen in
der Saison 13–16 Uhr
(Nähere Informationen
über den Fremdenverkehrsverein, s. o.)

Gastronomie

Restaurant Fährhaus Caputh
An der Havelfähre
14540 Caputh
Tel. 03 32 09/702 03
März–Okt.

Gastronomie

Landhaus Haveltreff
Weinbergstraße 4
14548 Caputh
Tel. 03 32 09/78-0
Fax: 03 32 09/78-100
E-Mail: info@haveltreff.de
Internet: www.haveltreff.de

Märkisches Gildehaus
Café, Restaurant und (Tagungs-)Hotel
Schwielowseestraße 58
14548 Caputh
Tel. 03 32 09/708-97; 702 65 (Ufercafé);
809 05 (Restaurant)
Fax: 03 32 09/708-36
E-Mail: Hotel.MaerkischesGildehaus@akzent.de
Internet: www.akzent.de/hotel/ak074.htm

Mit den Öffentlichen/dem Rad unterwegs

ÖPNV
- RE1 bis Werder (Bhf.)
- Ab Werder CityBus 635 bis Inselstadt, Wachtelberg oder Werderpark
- Ab Werder auch Bus 636 vorbei an der Baumgartenbrücke bis Petzow
- RE1, RE3, RB11, S7 bis Potsdam Hbf., Bus 607 über Caputh (nicht regelmäßig weiter bis Ferch, Neue Scheune/Mittelbusch)
- RB22 bis Caputh-Geltow und Ferch-Lienewitz

Schiffsverbindungen
- Die Weiße Flotte Potsdam fährt mit Linienfahrten ab Potsdam, Lange Brücke (Nähe Hbf.) Caputh Schloss, Caputh Gemünd, Ferch Strandbad, Ferch Haus am See, Petzow und Werder Insel an (Auskunft siehe Kapitel Praktische Hinweise)
- Die Stern- und Kreisschifffahrt fährt ab Wannsee über Potsdam, Lange Brücke bis Werder, Insel und Werder, Bhf. (Auskunft siehe Kapitel Praktische Hinweise)

Fahrradtouren
- Ab Bhf. Werder nach Glindow, Jahnufer bis Ziegeleimuseum, Uferstraße bis Petzow; ab hier weiter über Ferch bis Bhf. Ferch-Lienewitz oder über Baumgartenbrücke bis Geltow und weiter bis Caputh, Bhf. Schwielowsee
- Ab Bhf. Ferch-Lienewitz durch Ferch und Petzow über Geltow nach Potsdam Charlottenhof, über Bahnbrücke bis Bhf. Werder
- Ab Bhf. Caputh-Geltow über Caputh und Ferch um den Schwielowsee nach Petzow, weiter siehe oben

Zu Fuß und im Wasser

Wandern
- Ab Bhf. Ferch-Lienewitz ein Stück östlich bis zum Forsthaus, dann nördlich zwischen Kleinem und Großem Lienewitzsee hindurch über die Bahn, parallel zur Bahn südlich und dann über den Wietkiekenberg nach Ferch (zurück mit Bus 607, Achtung unregelmäßig, oder Schiff)
- Ab Bhf. Werder über Eisenbahnbrücke nach Potsdam Charlottenhof, immer an der Havel entlang bis Bhf. Caputh-Geltow
- Ab Bhf. Caputh-Geltow über Baumgartenbrücke und Petzow über die Glindower Alpen, zurück mit Bus 633 bis Bhf. Werder
- Ab Bhf. Schwielowsee auf den Krähenberg (76m, Aussichtspunkte) und um den Caputher See, weiter ab Schloss Caputh über Fähre bis Bhf. Caputh-Geltow

Baden
- Glindowsee, Westufer, Jahnufer
- Glindowsee, Ostufer am Ausfluss in die Havel, Werder Riegelspitze
- Schwielowsee, Südufer, Ferch, Strandbad
- Schwielowsee, Nordostufer, Caputh, Strandbad
- Havel, Ostufer Wildpark West
- Großer Plessower See, Werder, Strandbad

9 Im Havelland

Die Ortschaften der Route

Falkensee, Elstal, Nauen, Ketzin, Paretz, Töplitz, Kemnitz

Das Ausflugsgebiet

Weite Felder unter hohem Himmel prägen die sanft geschwungene Ebene zwischen Wustermark, Nauen und Ketzin. Spaziergänger schätzen die Wälder und Ausflugslokale bei Falkensee. Einmalig in seiner Art ist des Königs romantisches Idealdorf Paretz.

Falkensee

Westlich von Spandau gelangt man zunächst in das Weichbild Berlins, nämlich in die Vorstadt Falkensee. Gleich hinter der Stadtgrenze findet sich mit der Siedlung **Falkenhöh** an der Spandauer Straße eine sehenswerte Wohnanlage, die an die Tradition der Reformsiedlungen in den 1920er Jahren anknüpft. Finanziert wurde sie nach der Wende von einer Tochter des Herlitz-Konzerns.

Südlich davon befand sich eine Außenstelle des Konzentrationslagers Sachsenhausen. Über den dortigen Geschichtspark westlich der Hamburger Straße informiert das **Heimatmuseum Falkensee** unweit des Rathauses. Es sitzt in einem Fachwerkhaus aus Spandau, das 1901 hierher versetzt wurde.

Falkensee ist aus zwei alten Dorfkernen und 1927 angegliederten Vorortkolonien wie Falkenhain, Falkenhöh, Neu-Seegefeld, Neu-Finkenkrug und Waldheim entstanden; ein richtiges Ortszentrum gibt es nicht. Die Dörfer Falkenhagen und Seegefeld vereinigten sich nach über 670 Jahren Selbständigkeit 1923 zum heutigen Falkensee. Hier schafften zwei brandenburgische Dörfer das, was die Berliner Bezirke Anfang 2001 meist nicht geschafft haben: sich nach einer Fusion einen sinnvoll klingenden Namen zu geben.

Die Dorfkirche von Seegefeld, ein frühgotischer Feldsteinbau mit Erweiterungen vom Ende des 18. Jahrhunderts, liegt an der Bahnhofstraße. Nahebei sind die **Touristen-Information** und ein Fahrradverleih. Die Dorfkirche von Falkenhagen an der Kirchstraße ist gleich der Seegefelder im Kern spätgotisch, wurde jedoch nach einem Brand 1680 erneuert und seit 1996 rekonstruiert.

Falkensee wächst: Neubaugebiete entstehen, 1999 begrüßte man den 30 000. Einwohner, seit 1990 sind über 22 000 Menschen zugezogen. Wegen zahlreicher Rückübertragungen sind aber auch viele weggezogen, sodass heute weniger als ein Drittel der Einwohnerschaft schon vor der Wende in Falkensee gewohnt hat.

In den alten Vorortkolonien finden sich die Gaststätten, die Ausflügler locken. Direkt am Falkenhagener See, in der Kantstraße, liegt eines der Flaggschiffe der Ausflugsgastronomie der Stadt, das **Restaurant Seeblick** mit Terrasse.

Gleich um die Ecke bietet auch das **Angler-Casino** Außenplätze, Getränke und Speisen, den See im Blick.

Im Ortsteil Falkenhain und unweit des Bahnhofs Finkenkrug befindet sich an der Ecke zur Karl-Marx-Allee das **Hotel Restaurant Kronprinz** in der Friedrich-Engels-Allee. Die (jüngeren) Straßennamen scheint ein Mensch mit Sinn für Scherze mit dem Hotelnamen gepaart zu haben. Doch auch die Karte des Hauses zeugt von einem – in Brandenburgs Gasthöfen eher selten anzutreffenden – Sinn für Selbstironie. Beispielsweise wird ein Fitnesssalat angeboten. Die Anmerkung in der Karte lautet: »Morgen sind Sie so fit, dass Sie unseren Garten umgraben können!« Oder es gibt »Champignon-Omelette dazu Toast« (»Verkaufen wir gern, da Sie die Eier nicht nachzählen können«). Die Knoblauchsuppe (»Volle Busse und Bahnen? Für Sie morgen nicht, nehmen Sie zwei!«) kann man wirklich anwenden, denn zum Bahnhof Finkenkrug ist es ja nicht weit.

Seit 1890 steht das Haus gegenüber hohen Bäumen, die über die – allerdings meist dezenten – Straßengeräusche hinwegtrösten. Zur Geschichte von Haus und Namen forscht man noch, jedenfalls ist ein prominentes Mitglied der Familie Hohenzollern hier verschiedenen Freizeitvergnügungen nachgegangen. »Kronprinz« war 1890 Wilhelm, damals acht Jahre alt, sein Vater Wilhelm II. regierte schon. Wie auch immer, zur Rückbenennung des Hauses im Jahre 1995 erschien Prinz Friedrich Wilhelm von Preußen, Enkel eben jenes letzten Kronprinzen Wilhelm. Die Sache wird kompliziert durch die nicht eben einfallsreiche Namensgebung im Hause Hohenzollern, die sich seit 1648 auf genau zwei Männernamen für die Regenten beschränkte. Das Haus dagegen hieß zwischenzeitlich ganz anders, nämlich ab 1927 recht bürgerlich »Keglerheim«. Davon hat es nun wirklich nichts mehr. In drei verschieden eingerichteten Restaurants und im Biergarten vor dem Haus lohnt es sich, die Karte zu testen. Die Besitzerin Henkel leitet das Haus nun schon etwa so lange, wie Wilhelm II. regierte, und sie wird – anders als Letztgenannter – gewiss nicht von empörten Schutzbefohlenen ins Ausland verjagt.

Touristen-Information Falkensee
Am Gutspark 1
14612 Falkensee
Tel./Fax: 033 22/24 38 52
Internet: www.falkensee-online.de

Heimatmuseum Falkensee
Falkenhagener Straße 77
14612 Falkensee
Tel. 033 22/222 88
Internet: www.falkensee.net/heimatmuseum
Di 10–12 u. 14–16 Uhr, Do 14–18 Uhr, So 14–18 Uhr

Kronprinz
Restaurant und Hotel
Friedrich-Engels-Allee 127
14612 Falkensee
Tel. 033 22/24 97-0, -30 55
E-Mail: kronprinz-falkensee@t-online.de
Internet: www.hotel-kronprinz.de

Restaurant Seeblick
Kantstraße 76
14612 Falkensee
Tel. 033 22/23 54 88

Info

Kultur

Gastronomie

Angler Casino
Seepromenade, Ecke Fontaneallee
14612 Falkensee
Tel. 033 22/223 03

Fahrradverleih Maschke
Bahnhofstraße 58
14612 Falkensee
Tel. 033 22/222 86

Elstal

Zwischen Falkensee und Nauen liegt Elstal. 1936 entstand hier, an der Bahn zum Olympiastadion gelegen, das **Olympische Dorf**. Dies war weltweit nach Los Angeles erst die zweite eigens für Athleten gebaute Bungalowanlage. Das ringförmige Ensemble, wie Falkenhöh der Gartenstadtidee verpflichtet, wurde nach Plänen Werner Marchs gestaltet, der auch das Olympiastadion entwarf. Erhalten ist unter anderem das »Speisehaus der Nationen« im Bauhausstil. Die langjährige militärische Nutzung und der Nachwendeverfall sind dem für 4 000 Athleten errichteten Baudenkmal anzusehen – bislang fand sich jedoch leider noch kein sanierungswilliger und -fähiger Interessent.

Regelmäßige Führungen über das ansonsten gesperrte Areal veranstaltet nach Anmeldung der **Verein Historia Elstal**. Im Ernst-Walter-Weg findet man den Schmuckladen des Vereinsvorsitzenden Kunz, der sich freuen würde, wenn das olympische Dorf wieder ein Schmuckstück würde. Ganz frisch dagegen präsentiert sich heute schon das Designer Outlet Center B5 in Wustermark.

Drei wichtige Verkehrswege quert die Bundesstraße: den Berliner Außenring der Bahn, den Berliner Ring der Autobahn und den Havelkanal als Abkürzung für den Schiffsverkehr zwischen Ketzin und Oranienburg. Alle drei führen den Verkehr in Nord-Süd-Richtung. Anders die B5: Sie verlässt nun endgültig das Einflussgebiet der Hauptstadt, knickt nach Nordwesten und führt schnurgeradeaus auf Nauen zu. In der Sichtachse dieser beeindruckenden Straße erhebt sich schon der Turm eines der Wahrzeichen der Stadt.

Kultur

Historia Elstal e. V.
Juwelier Kunz
Ernst-Walter-Weg 40
14627 Elstal
Tel. 03 32 34/862-77
Fax: 03 32 34/862-79

Nauen

Nauen hat mit der Jacobikirche aus dem 14. Jahrhundert einen würdigen Mittelpunkt der **Altstadt**, die als Flächendenkmal unter Schutz steht. Ungewöhnlich ist die ringförmige Anlage der Ackerbürgerstadt. Diesen Grundriss hat man auch nach dem Stadtbrand von 1695 beibehalten – anders als etwa in Neuruppin oder Teltow.

Dem Charme der in Rekonstruktion befindlichen Altstadt kann man passend im **Altstadt-Café Nickel** in der Marktstraße nachgehen. Es gibt Außenplätze und einen ungewöhnlichen Ruhetag, den Sonnabend. Die katholische Kirche, eine neuromanische Backsteinbasilika von 1906, fällt ebenso ins Auge wie das Rathaus, 1891 im Stil norddeutscher Backsteingotik fertig gestellt. Neben dem Rathaus ist das Stadtmuseum untergebracht.

Nachdem man rund um Nauen zu Beginn des 18. Jahrhunderts die Luchgebiete trocken gelegt hatte, entwickelte sich die Stadt nicht nur landwirtschaftlich. Dazu trug der Bahnanschluss Berlin – Hamburg bei, davon zeugte die Zuckerfabrik. Die Einwohnerzahl stieg bis 1896 auf über 8 000, heute sind es nur noch 3 000. Nauen wurde 1826 zudem politisches Zentrum des Osthavellandes und blieb bis 1993 Kreisstadt. Damals wurde Rathenow Sitz der neuen Kreisverwaltung Havelland.

Dabei ist Nauen sozusagen seit 1906 Weltstadt, hat seitdem Kontakt zur Welt: 1906 wurde hier die erste Versuchsstation für den drahtlosen Funkverkehr in Deutschland eingerichtet. Daraus entwickelte sich die **Nauener Großfunkstation**, aus der unter anderem bis 1990 zweimal täglich das Nauener Zeitzeichen gesendet wurde. Heute sendet hier die Deutsche Welle in die Welt. Das zentrale Hauptgebäude des Funkamtes, von Hermann Muthesius, erbaut bis 1920, ist der einzige erhaltene Industriebau des Architekten und zugleich einer der architekturgeschichtlich wichtigsten Gewerbebauten im Berliner Umland. Die bemerkenswerte Mauertechnik des gewaltigen Klinkerbaus ist erhalten, die originale technische Ausstattung entfernt. Die riesigen Antennen überragen weithin sichtbar das Gelände linker Hand der Bundesstraße 273 Richtung Norden.

Südlich Nauens beginnt am Rathaus die Straße Richtung Ketzin.

Tourismusverband Havelland e. V. –
Geschäftsstelle Nauen
Informationen zum Stadtmuseum
Goethestraße 59/60
14641 Nauen
Tel. 033 21/403 51-19
Fax: 033 21/403 51-23

Altstadt-Café Nickel
Marktstraße 3
14641 Nauen
Tel. 033 21/45 30 35
Sa geschlossen

Ketzin und Paretz

Fährt man über Nauen nach Ketzin trifft man kurz hintereinander auf die Fachwerkkirche in **Markee** und die Backstein-Feldsteinkirche in **Markau**. Sie zeigen beispielhaft die Vielgestalt und Vielzahl der märkischen Dorfkirchen. Brandenburg ist nach Sachsen-Anhalt das deutsche Bundesland mit der höchsten Kirchendichte. Die Kirche von Markee entstand Ende des 17. Jahrhunderts, die achteckige Grabkapelle mit Pyramidendach an der Westfront 1937. Jene in Markau wurde in dieser Form 1712 fertig gestellt, der Turm ist allerdings spätgotisch. Im nördlichen Portal des Anbaus findet sich sandsteingerahmt das Familienwappen derer von Bredow und Hünicken. Betrachtet man die beiden kleinen Dörfer, dann weiß man, dass diese Kleinode dringend auswärtiger Unterstützung bedürfen, um erhalten zu werden.

Aus dieser Richtung noch vor dem Ortszentrum von Ketzin liegt der Abzweig nach Brandenburg an der Havel. Er führt in den Ketziner Ortsteil Brückenkopf, auch **Schumachersiedlung** genannt. Die Seenlandschaft, die sich hier ausbreitet, lässt ahnen, wie die meisten Luchgebiete Brandenburgs vor zweihundert Jahren ausgesehen haben mögen. Allerdings sind die Seen großteils von Menschenhand angelegt: Es sind Tonstichgruben. Nach 1860 erlebte Ketzin eine wirtschaftliche Blütezeit durch den Abbau von Ziegelerde. Gerade für Radfahrer und Radfahrerinnen ist es reizvoll, zwischen den Datschen immer wieder Wasser zu entdecken. Ein Radweg verbindet Brückenkopf mit Ketzin.

Ketzin wird urkundlich seit 1255 als Städtchen bezeichnet – und seitdem hat sich das Städtchen in verträglichem Maße vergrößert. Immerhin ist Ketzin nicht mehr wie im Mittelalter im Besitz der Bischöfe von Brandenburg. Das »neue« **Rathaus** von 1911 in der Rathausstraße kündet in Neorenaissance-Formen von der Unabhängigkeit der Bürger. Hier erhält man auch Informationen, zum Beispiel über die regelmäßigen Stadtführungen und das **Museum der Stadt Ketzin**. Für Speis und Trank sorgt – auch mit Außenplätzen im Hof – das **Restaurant Am Markt**. Den Markt beherrscht die Stadtpfarrkirche St. Petri, ein verputzter Saalbau aus der Mitte des 18. Jahrhunderts. Der Turm mit achteckigem Helm ist spätgotisch und zeugt somit von der mittelalterlichen Vergangenheit Ketzins. Die katholische Kirche Rosenkranzkönigin, 1910 im neugotischen Stil erbaut, steht in der Rudolf-Breitscheid-Straße. Die Inschrift eines Wohnhauses in der Albrechtstraße »Königs Wassersportheim zum Historischen Hause« meint Herrn König, der hier schon 1788 erste Ausflügler betreut haben soll. Das Fachwerk an der Schmalseite verweist auf die Erbauungszeit des Hauses an der Wende vom 17. zum 18. Jahrhundert.

Am Abzweig zur Ketziner Fähre geht es linker Hand nach **Paretz**, einem Ortsteil Ketzins. Vorbei an der Bockwindmühle erreicht man ein denkmalgeschütztes, in Deutschland einzigartiges Dorf. Als Friedrich Wilhelm III. im Jahre 1797 den Thron bestieg, hatte er zusammen mit seiner Frau Luise bereits das Dorf Paretz abreißen lassen, der Neubau hatte begonnen. Der Grund für die – für diese Gegend erheblichen – Baumaßnahmen war die Bescheidenheit des Königspaares, die hier zur Schau gestellt und gelebt werden sollte. Nach den teuren Ausschweifungen seines lebenslustigen Vaters wollte Friedrich Wilhelm III. andere Wege gehen. Zu seinem Baumeister David Gilly d. Ä. soll Friedrich Wilhelm gesagt haben: »Denken Sie immer daran, dass Sie für einen armen Gutsherrn bauen.«

Der »arme Gutsherr« hatte zunächst den Rittersitz der Familie von Blumenthal samt Dorf für 80 000 Taler gekauft. Es entstand bis 1804 ein Idealdorf der Frühromantik in teils neugotischen Formen, die Gebäude bevölkerte man zwecks Belebung der Anlage mit den praktischerweise vorhandenen Altdorf-Bewohnern.

Das vergleichsweise bescheidene frühklassizistische **Schloss Paretz** ist durch die Stiftung Preußische Schlösser und Gärten seit Sommer 2001 wieder für die Öffentlichkeit zugänglich gemacht. Reste der Ausstattung, darunter wertvolle bemalte Papiertapeten werden gezeigt, passende Möbel aus anderen Häusern wurden ergänzt. 1948 war das Haus entstellend umgebaut, anschließen in großen Teilen jahrzehntelang für die Tierzucht und die Bauernhochschule »Edwin Hoernle« genutzt worden. Auch die Wiederherstellung des Schlossparks, als dreiteiliger Landschaftsgarten unter Einbeziehung des Dorfes angelegt, nimmt inzwischen Formen an. Am Schloss kann man sich über die Lage der weiteren Gebäude informieren. So markieren an der Straße nach Uetz mit dem ehemaligen Schafstall nebst Schäfer- und Hirtenhaus zwei quadratische Putzbauten unter Zeltdächern torhausähnlich den Dorfeingang.

Sehenswert ist das so genannte **Gotische Haus**, die ehemalige Schmiede, die seit 1910 als Gaststätte dient. Die äußere Erscheinung mit den Spitzbogenblendarkaden findet im Inneren keine Entsprechung; im Osten wurde 1910 ein Saal angebaut, die Nordfront durch Anbauten verstellt. Auf der Sommerterrasse geht der Blick über den zur Parkplanung gehörenden zentralen Dorfplatz.

Hier steht mit der **Kirche** ein als solches nicht mehr kenntliches Stück des alten Dorfes. Der im Kern gotische Feldsteinsaalbau mit Rechteckchor wurde bis 1798 umgebaut und ist damit eines der frühesten erhaltenen Beispiele der Neugotik in Brandenburg. In der Kirche befindet sich seit 1811 in der Königsloge die Reliefplatte »Apotheose der Königin Luise« von Johann Gottfried Schadow, dem Schöpfer der Quadriga. »Mehr eigentümlich als schön«, bemerkte Fontane trocken. Ob Schadow allen Ernstes die Königin zur Gottheit erheben wollte, sei dahingestellt. Tatsächlich wurde sie aber sehr verehrt und ist mit Sicherheit die beliebteste aller preußischen Königinnen gewesen. Zum Luisen-Mythos gehören die Berichte vom Landleben des wortkargen Königs und seiner aus Mecklenburg stammenden Gemahlin. General von Köckritz schrieb: »Ein besonderer Festtag aber war das Erntefest. Die Königin mischte sich in die lustigen Tänze. Hier war Freiheit und Gleichheit; ich selbst, trotz meiner fünfundfünfzig Jahre, tanzte mit.« »Diese Erntefeste, die bald einen Ruf gewannen, machten das stille Paretz zu einem Wallfahrtsort für nah und fern. Jeder Besucher hatte Zutritt, König und Königin ließen sich den Fremden vorstellen, äußerten ihre Freude über zahlreichen Zuspruch und baten, über's Jahr wieder unter den Gästen zu sein«, berichtet Theodor Fontane in seinen »Wanderungen durch die Mark Brandenburg«. Liest man in den Aufzeichnungen, den Briefen der Königin, entsteht das Bild einer Frau, die das Leben in Paretz tatsächlich aus innerem Antrieb suchte und nicht so sehr aus Berechnung. Und dass das Königspaar hier fast wie unter Gleichen mit der Dorfbevölkerung leben wollte, war spürbar und im europäischen Vergleich eine unerhörte Neuerung, die dem Preußen-Mythos Nahrung gab.

Nach der Flucht vor den napoleonischen Truppen 1806 war Luise nur noch einen Mainachmittag im Jahre 1810 in Paretz, bevor sie im Juli desselben Jahres starb. Sie wurde im Schlosspark Charlottenburg beigesetzt. Ihr Mann überlebte sie um dreißig Jahre. Doch der Mythos »Paretz« lebte von Luise.

Zwischen Paretz und dem Ortskern von Ketzin führt der Weg hinunter zur Fähre. Wer die Fährfahrten verfolgen will, sitzt richtig auf der Terrasse im **Restaurant und Café An der Fähre**. Strombreit schwappt die Havel meist an die Ufer und beruhigt die Gemüter, auch auf der anderen Flussseite erstreckt sich weites Land.

Amt Ketzin
Gästeinformation, Stadtführungen und Museum
Rathausstraße 7
14669 Ketzin
Tel. 03 32 33 / 720 12
Internet: www.ketzin-havelland.de, www.ketzin.de

Kultur

Museum der Stadt Ketzin
Rathausstraße 18
14669 Ketzin
(nähere Informationen über das Amt Ketzin, s. o.)

Museum Schloss Paretz
(Stiftung Preußische Schlösser und Gärten)
Parkring 1
14669 Ketzin-Paretz
Tel. 03 31 / 96 94-200, -201, -202

Gastronomie

Restaurant Am Markt
Friedrichstraße 8
14669 Ketzin
Tel. 03 32 33 / 806 05

Gotisches Haus Paretz
Café und Restaurant
Parkring 21
14669 Ketzin-Paretz
Tel. / Fax: 03 32 33 / 805 09

An der Fähre
Café und Restaurant
An der Fähre 1
14669 Ketzin
Fr–Mi ab 11 Uhr

Freizeit

Bootsverleih und Strandbad
Friedrich-Ludwig-Jahn-Weg
14669 Ketzin
Tel. 03 32 33 / 803 61 (Bootsverleih);
809 30 (Strandbad)

Personenschifffahrt Wilfried Herzog
An der Havel 18
14669 Ketzin
Tel. 03 32 33 / 827 98
Fax: 03 32 33 / 830 85
Funk: 0171 / 424 16 15

Fähre
Verbindung Richtung Groß Kreutz
Sommer tgl. 6–20 Uhr; Winter 6–18 Uhr

Töplitz

Südwestlich von Ketzin liegt die so genannte Insel Töplitz. Eigentlich ist es eine Halbinsel, die jedoch durch den Sacrow-Paretzer Kanal, den lediglich eine Autobahnbrücke quert, Inselcharakter bekommt. Die »Insel« ist abgesehen von der Autobahn nur über eine Autostraße, von Potsdam-Bornim kommend, erreichbar. Für Wanderer und Radfahrer gibt es seit 1999 die neu erbaute Wublitzbrücke, deren Vorgängerin vor hundert Jahren abbrannte.

Töplitz ist ein ausgedehnter Landschaftsgarten mit Flachmooren, schilfbewachsenen Uferzonen, Obstplantagen und Waldgebieten. Die Arbeitsergebnisse der jährlich stattfindenden Sommerakademie für moderne Kunst sind am Wegesrand zu entdecken.

Am Alt-Töplitzer **Dorfplatz** erzählt die Dorfkirche von den Kolonisten. Nach 1685 wurde die Kirche für die reformierte Gemeinde der hier angesiedelten Schweizer Bauern errichtet, 1739 der Turm hinzugefügt. In den Jahren 1875, 1932 und 1969 restaurierte man die Kirche, dabei ging die barocke Ausstattung verloren.

In Sichtweite steht das **Hotel und Restaurant Mohr zu Alt-Töplitz** mit einer Sommerterrasse auf dem Hof, umgeben von berankten Backsteinmauern. Bis 1992 war die eigene Mühle nebst Bäckerei in Betrieb. Das Mehl zwar nicht, doch den Kuchen stellt man immer noch selbst her – übrigens in der fünften Generation, denn schon vor der Eröffnung dieses Hauses hat die Familie, die heute Mohr heißt, für ihre Gäste gekocht und gebacken.

Richtung Norden führt die Straße nach **Neu-Töplitz**; auf dem

Nordhang des Mühlenberges liegt das einfache **Landgasthaus Am Mühlenberg**. Durch die Hanglage blickt man vom Restaurant hinweg über die Töplitzer Wiesen.

Östlich des Havelarmes Wublitz befindet sich ein weiteres 1685 für Schweizer Kolonisten erbautes Kirchlein, höchst romantisch in **Nattwerder** gelegen. Nattwerder liegt südlich von Grube, nördlich steht in **Marquardt** das Schloss am Ufer der Wublitz, den Park gestaltete Lenné. Das Schloss wurde geprägt durch den General von Bischofswerder, Minister unter Friedrich Wilhelm II. Die neuromanische Kirche ist mit Metallarbeiten aus der Fabrik des Kirchenstifters Louis Ravené geschmückt, der nach 1893 auch das Schloss ausbauen ließ, das heute von der Humboldt-Universität genutzt wird.

Mohr zu Alt-Töplitz
Restaurant und Hotel
Neu-Töplitzer Straße 1
14476 Alt-Töplitz
Tel. 03 32 02/629-0
Fax: 03 32 02/629-41
E-Mail: Tmohr72167@aol.com

Landgasthaus Am Mühlenberg
Phöbener Straße 10
14476 Alt-Töplitz
Tel. 03 32 02/603 18
Fax: 03 32 02/600 28
Mo–Fr 16–22 Uhr, Sa, So u. Feiertags 12–22 Uhr;
im Winter Mo, Di geschlossen; Februar geschlossen

Mit den Öffentlichen/dem Rad unterwegs

ÖPNV
– RE4, RE5, RE6 bis Falkensee
– RE4, RE5 bis Finkenkrug, Brieselang, Nauen
– Bus 658 ab Nauen bis Ketzin und Paretz (Wochenende nur mit 614, dann umsteigen)

- Bus 614 ab Potsdam Hbf. bis Paretz und Ketzin
- Bus 606 ab Potsdam Hbf. bis Töplitz

Schiffsverbindungen
Ketzin wird mit Linienfahrten der Reederei Herzog, Ketzin, (Auskunft s. o.) und der Weissen Flotte Potsdam (Auskunft siehe Kapitel Praktische Hinweise, buchbar mit Stadtführung) bedient

Fahrradtouren
- Durch Waldheim und über Alter Finkenkrug nach Brieselang (Badestelle am Nymphensee) und bei Alt-Brieselang über Havelkanal und Autobahn nach Bredow, dann B 5 bis Nauen
- Ab Nauen über Markee/Tremmen Richtung Zachow/Straße und Ketzin, Schumachersiedlung, Ketzin, Paretz, Uetz, Marquardt Bhf. (RB20, RB21)
- Ab Bhf. Golm (RB20, RB21) über Grube, hinter der Wublitz nördlich nach Göttin, parallel zur Havel bis Wublitzbrücke, östlich der Wublitz nach Golm

Zu Fuß und im Wasser

Wandern
- Ab Bhf. Albrechtshof (RE4, RE5) Straße 341, Geschichtspark Falkensee, Falkenhöh, Hegelallee, nordöstlich Falkenhagener See und zurück parallel zum Ostufer, zwischen Neuem und Falkenhagener See, Humboldtallee und Seeburger Straße zurück
- Ab Bhf. Finkenkrug über Am Wildpark durch den Wald am Waldfriedhof vorbei, westlich und nördlich Waldheim immer im Wald bis Karl-Marx-Allee und zurück
- Von Paretz Richtung Ketzin, zur Fähre und am Havelufer zurück nach Paretz, ggf. Abstecher zwischen Havelkanal und Paretzer Erdlöchern
- Rund-Wanderweg über die Insel Töplitz, ab Kirche/Dorfstraße über Schwarzer Weg, Eichholzberg, Göttin, Alt-Töplitzer Wiesen, Mühlenberg; ggf. Verlängerung über Wublitzbrücke, Nattwerder, Grube

Baden
- Falkenhagener See
- Nymphensee, Brieselang (unweit Bhf.), Nordwestufer
- Strandbad Ketzin, Havel, Nordostufer
- Badestelle Alt-Töplitz, Kleiner Zernsee/Havel, Ostufer

10 Rund ums Ländchen Glien

Die Ortschaften der Route

Schönwalde, Paaren/Glien, Börnicke, Tietzow, Groß-Ziethen, Kremmen, Vehlefanz, Velten, Marwitz

Das Ausflugsgebiet

Das Ländchen Glien ist eine runde Sache. Innen der Krämer Forst, außen Feuchtgebiete und dazwischen hübsche kleine Dörfer. Sehenswert sind unter anderem auch das Märkische Ausstellungszentrum und das größte deutsche Scheunenviertel. Einige Gasthöfe der Gegend lohnen schon für sich einen Ausflug.

Schönwalde

Wenig nördlich des Falkenseer Platzes führen die Schönwalder Straße und Allee hinaus aus der Berliner Havelstadt Spandau. Auf dem Weg durch den Forst Spandau verlässt man die Stadt auch innerlich – hinter dem Evangelischen Johannesstift säumen ausschließlich Bäume den Weg. Am Ende des Waldes führt die Steinerne Brücke über den Nieder-Neuendorfer Kanal, dessen Funktion der Havelkanal übernahm. Eine klare Abgrenzung: Hier beginnen der Landkreis Havelland und die Gemeinde Schönwalde.

Passend zu diesem gut komponierten und konsequenten Ausstieg aus großstädtischer Betriebsamkeit wäre eine Einkehr im **Gasthof Schwanenkrug** an der Berliner Allee. Das weiß verputzte Haus mit dunklem Fachwerk und rotem Dach, mit dem aufgeständerten Vorsprung über dem Eingang, uralten Eichen vor dem Haus und den Biergartenschirmen jenseits der grünen Hecke wirkt wie eine Erscheinung. Solch fast klischeehafte Ländlichkeit muss man erst einmal auf sich wirken lassen. Zudem trügt der Schein der Tradition nicht: Ab 1790 hieß der sechs Jahre zuvor erbaute Gasthof »Krug zum weißen Schwan«. Die Wirtschaft befand sich stets im Besitz der Obrigkeit. Seit 1984 wird der Gasthof von der Familie Schuknecht betrieben. Auch die Einrichtung macht alles Großstädtische vergessen. Es gibt Gästezimmer, einen großen Sommergarten und einen riesigen Veranstaltungssaal mit Bühne und gewölbter Decke.

Als das Haus gebaut wurde, lagen die Häuser des Dorfes Schönwalde fern. Mittlerweile hat der Schwanenkrug durch den Ausbau der Siedlung viele Nachbarn bekommen. Wenige Schritte entfernt liegt zum Beispiel das **Hotel und Restaurant Diana**. Das 1994 gebaute Haus wurde in den letzten Jahren zweimal für seine Gastlichkeit ausgezeichnet (1995 Wettbewerbssieger Brandenburger Landgasthof; 1999 2. Platz im Wettbewerb um das Lieblingslokal). Es bietet je rund vierzig Plätze im Wintergarten-Restaurant und im Hof sowie eine preiswerte frische Küche à la minute.

Dort, wo Eichenallee und Kurmärkische Straße ineinander übergehen, liegt das **Strandbad** Schönwalde an einem wald- und wiesengesäumten kleinen runden See. Das einfache **Gasthaus am See** bietet all jenen Getränke, die das Wasser des kleinen runden Sees lieber nur zum Schwimmen nutzen.

Verlässt man die Siedlung Schönwalde Richtung Norden, überquert man den Havelkanal. Er wurde 1952 als Abkürzung – er spart neun Kilometer Fahrstrecke – und Umfahrung (West-)Berlins eröffnet und verbindet auf 35 Kilometern Strecke die Havel bei Paretz mit der bei Hennigsdorf. Die erstaunliche Bauzeit von nur 13 Monaten erklärt sich wenigstens teilweise aus der Tatsache, dass der Havelkanal alte vorhandene Kanalläufe nutzt. Das alte Dorf Schönwalde befindet sich nördlich des Kanals.

Gastronomie

Schwanenkrug
Restaurant, Biergarten und Hotel
Berliner Allee 9
14621 Schönwalde
Tel. 033 22/24 81-11
Fax: 033 22/24 81-12
E-Mail: Gasthof-Schwanenkrug@t-online.de
Internet: www.Gasthof-Schwanenkrug.de

Hotel Diana
Café, Restaurant und Hotel
Berliner Allee 16
14621 Schönwalde
Tel. 033 22/29 79-0
Fax: 033 22/29 79-29

Gasthaus am See
Kurmärkische Straße 2
(am Strandbad Schönwalde)
14621 Schönwalde
Tel. 033 22/24 41 22
Mo geschlossen

Paaren/Glien

Kreuzt man auf dem Weg nach Paaren die Autobahn des Berliner Rings, stören sie und die neuen Gewerbebauten die verwunschen wirkende Atmosphäre der Gegend. Dazu passt dann allerdings in Sichtweite das seit 1993 angelegte **Märkische Ausstellungs- und Freizeitzentrum MAFZ**.

Im Eingangsbereich der zentral gelegenen Brandenburghalle sind Informationen über die zahlreichen Veranstaltungen im MAFZ erhältlich. Unter demselben Dach befindet sich das **Restaurant Märkischer Landmann** mit Sommergarten. Von hier sieht man den Märkischen Landmarkt mit Hofladen, der frische ländliche Produkte feilbietet. Das breite Angebot des Areals umfasst auch einen Kinderspielplatz mit Streichelzoo, einen Antik- und Trödelmarkt an den ersten Sonnabenden in den Monaten der Saison, Selbsternte von Kartoffeln bis Erdbeeren, Kremserfahrten, Ponyreiten, einen Fahrradverleih und – nach Anmeldung – eine Schaukäserei. Im August wird zum Country- und Westernfest aufgespielt. Zahlreiche Schaustellungen des ländlichen Alltags von der Blumenwiese über die Mutterkuhhaltung bis zur Holzhackschnitzelheizung lassen den Städter staunen.

Die Brandenburgische Landwirtschaftsausstellung BRALA öffnet immer Himmelfahrt die Tore und informiert unter anderem über Urlaub und Freizeit auf dem Lande sowie ökologischen Landbau. Flankiert wird die BRALA von Landesmeisterschaften, etwa im Pflügen oder Schafscheren.

Ländlich ist auch das benachbarte Dorf **Paaren** im Glien mit seinen 570 Einwohnern. Würde es nicht damit werben, das schönste Dorf der Mark zu sein, könnte man es vielleicht ganz hübsch finden. Auf dem lang gestreckten Dorfanger steht die neugotische Backsteinkirche, hier liegt das **Landmuseum Stägehaus** mit Caféstübchen und Terrasse. Der Name Paaren leitet sich vom slawischen para für Sumpf, Morast her.

**MAFZ Märkisches Ausstellungs-
und Freizeitzentrum**
Gartenstraße 1–3
14641 Paaren/Glien
Tel. 03 32 30/74-0
Fax: 03 32 30/74-220
E-Mail: brandenburghalle@t-online.de
Internet: www.brandenburghalle.de
tgl. 9–18 Uhr
Märkischer Hofladen: Di–So 9–16 Uhr

Antik- und Trödelmarkt
Gartenstraße 1–3
14641 Paaren/Glien
Tel. 030/363 30 10
Fax: 030/36 43 87 96
April–Okt.: jeden ersten Sa im Monat 8–16 Uhr

Stägehaus
Landmuseum und Café
Hauptstraße 35
14641 Paaren/Glien
Tel. 03 32 30/503 36
Mi und Do geschlossen

Restaurant Märkischer Landmann
Gartenstraße 1–3
14641 Paaren/Glien
Tel. 03 32 30/513 30
Fahrradverleih nach Anmeldung

Börnicke

Am Westrand des Glien liegt Börnicke. Aus Richtung Paaren erwartet einen schon am Ortseingang das **Landhaus Börnicke**. Der Sockel des Hauses ist aus Backstein, das Obergeschoss mit Holz, Fachwerk und Balkon versehen. An der Zufahrt passiert man hügelige Tiergehege, in denen unter anderem Wollschweine grunzen. Inmitten der Gehege werden die Biergartengäste mit Speisen versorgt, während das Füttern der Tiere streng verboten ist. Anfassen und streicheln ist erlaubt, im Falle der Biergartengäste sollte man diese jedoch zuvor fragen. Wer nicht am Streichelzoo sitzen möchte, findet beim Haus auch eine Terrasse. Die Kutschenausstellung ist über das Gelände verstreut, auf dem sich auch eine Minigolfanlage befindet. Im Haus hat man die Qual der Wahl: Gediegen rustikale Räume ergänzt ein Wintergarten mit Palmendekor. Zur Badestelle am Kiessee nördlich von Grünefeld wandert man etwa eine halbe Stunde durch den Wald.

Landhaus Börnicke
Restaurant und Hotel
Grünefelder Straße 15
14641 Börnicke
Tel. 03 32 30/513 06
Fax: 03 32 30/514 08
Jan. und Feb.: Mo geschlossen

Tietzow

Die Ortschaften des Glien liegen wie Perlen auf einer Kette am Übergang vom tiefen Krämer-Wald zum offenen Feuchtgebiet. Die Perle nördlich von Börnicke heißt Tietzow; und die Perle in der Perle ist das **Hotel-Restaurant Helenenhof**, 1998 Wettbewerbssieger Brandenburger Gastlichkeit. Inhaberin Maria Schuppan ging 1992 ein Wagnis ein, als sie das 109 Jahre zuvor von den Urgroßeltern erbaute Anwesen übernahm. Lange Zeit führte ihr Großvater den bäuerlichen, ihre Großmutter den neu eingerichteten Gastbetrieb. Letzterer hieß trotzdem »Gasthof Willy Schultz«. Es ist späte Gerechtigkeit, dass das Haus heute nach der Großmutter Helene benannt ist. Sie ließ einen Saal für Hochzeiten und andere große Feste anbauen, vorbeiziehende Gaukler auftreten und knüpfte zu Berliner Theatergruppen Kontakte. Nach 1945 wurde ihr Haus eine Konsumgaststätte. Helene musste ihre Wohnräume dem neuen Leiter überlassen und erhielt als Bleibe die Kammer neben der Waschküche. 1966 erbte der Vater der heutigen Besitzerin das Haus und musste als »Westler« einen Verwaltungsvertrag mit der kommunalen Wohnungsgesellschaft abschließen. Alljährlich schaute er per Einreisegenehmigung in Tietzow nach dem Rechten. Nach dem Mauerfall war sein größter Wunsch die Wiederbelebung der Familientradition. Die Tochter erfüllte ihm diesen: Mit Hilfe des brandenburgischen Wirtschaftsministeriums begann 1992 die Sanierung des total verfallenen Gasthofes, die auf einen weitgehenden Neubau hinauslief. Erhalten ist der Kamin im großen Saal mit seinen Stuckpilastern. Das Haus ist gemütlich eingerichtet und verfügt über eine Sommerterrasse.

Wer nach dem guten Essen Bewegung braucht: Fahrräder stehen bereit.

Der Spaziergänger sucht auf dem Dorfanger vergeblich die Kirche. Obwohl die sowjetischen Besatzungsbehörden nach dem Zweiten Weltkrieg zunächst meinten, sie habe trotz eines Brandes gute Bausubstanz, setzten die neuen örtlichen Kader ihren Abriss durch.

Helenenhof
Restaurant und Hotel
Dorfstraße 66
14641 Tietzow
Tel. 03 32 30 / 503 17, 87 70
Fax: 03 32 30 / 502 90

Groß-Ziethen

Östlich von Staffelde liegt Groß-Ziethen, das trotz seines Namens nur 254 Einwohner und nichts mit dem aus Wustrau bei Neuruppin stammenden berühmten General von Friedrich II. zu tun hat. Stattdessen trifft man auf ganz andere Namen, nämlich im **Hotel und Restaurant Schloss Ziethen**. Das elegante Haus, das im märkischen Flecken farbig hervorsticht, steht teils auf den Grundmauern eines alten Gutes derer von Bredow, die das Dorf 1355 erwarben. 1718 erbaute die Familie von der Lütke ein Barockschloss, vom Vorgängerbau blieb neben der Küche ein spätmittelalterliches Kellergewölbe, das heute Tagungen und Speisungen dient. Anfang des 19. Jahrhunderts hat das Gut Feldmarschall Gerhard Leberecht von Blücher gehört. Seit 1879 lebte hier eine geborene von Bülow. Im 19. Jahrhundert wurden die Ecktürme angebaut, im östlichen befindet sich das **Restaurant Orangerie**. 1902 kam die Kuppel hinzu. Die Familie Friedrich von Bülow musste das Gut 1945 verlassen. Wohnungen, Kindergarten und Schule wurden anschließend im Haus eingerichtet. Freifrau von Thüngen, geborene von Bülow, pachtete 1994 das Haus von der Eigentümerin, der Gemeinde. Das Haus wurde saniert, geschmackvoll eingerichtet und 1997 neu eröffnet. Nicht nur die Bibliothek mit der gusseisernen Treppe wurde eine Augenweide. Wer die Terrasse nutzt, genießt den Blick in den Park, aus dem heraus Kastanien den alten Postweg über Schönwalde nach Spandau weisen. Der Park, völlig verwildert, wurde mit staatlichen Fördermitteln von zwanzig Bürgern wiederhergestellt und ist heute öffentliches Grün für alle.

Über dem Eingang des Hauses steht »Dem Vereinigen gewidmet«. Dazu passt, dass hier viele Hochzeiten gefeiert werden. Praktischerweise liegt die neugotische Dorfkirche gegenüber. Sie wurde nach dem Brand der alten Kirche 1884 neu aufgebaut und gehört nun ausgerechnet nicht zu den allerschönsten der Mark.

Zum Trost findet man im Nachbardorf **Staffelde** ein umso ansehnlicheres Exemplar. Die dortige Kirche stammt im Feldstein-Kern aus dem Spätmittelalter, bekam vor dreihundert Jahren einen Vorbau und 1822 einen Turm. Im Ort findet sich zudem eine ausgedehnte Rittergutanlage, ursprünglich gehörte es den von Bredows.

Gastronomie

Schloss Ziethen
Restaurant und Hotel
Dorfstraße 33
16766 Groß-Ziethen
Tel. 03 30 55 / 95-0
Fax: 03 30 55 / 95-59
Internet: www.SchlossZiethen.de

Kremmen

Von Staffelde führt die Straße nach Kremmen. An der Einfahrt nach Kremmen liegt Deutschlands größtes und besterhaltenes **Scheunenviertel.** Anders als im Berliner oder Mittenwalder Scheunenviertel stehen hier die meisten Scheunen noch, die aus Brandschutzgründen 1672 aus der Ackerbürgerstadt hinausverlegt werden mussten. Die etwa vierzig heutigen Gebäude wurden nach dem Stadtbrand von 1840 neu errichtet. Die meisten Scheunen brauchen dringend neue Nutzer. Eine Scheune hat seit November 1999 als Museumsscheune geöffnet und dient zugleich der **Tourismus-Information** Kremmen, einer Galerie und einem Märkischen Hofladen mit Direktverkauf von landwirtschaftlichen Produkten der Region.

Im Stadtkern befindet sich am dreieckigen Marktplatz das Rathaus von 1840. Zwei Straßen weiter steht auf dem Kirchplatz seit über siebenhundert Jahren die **Nikolaikirche**. Die ursprünglichen Feldsteinmauern wurden beim Backstein-Neubau des 15. Jahrhunderts weiter verwendet. Der Aufbau des Turmes stammt aus dem Jahr 1928, neugotische Anbauten am Chor dagegen aus dem 19. Jahrhundert. Die Innenausstattung passt zu keiner dieser Ausbauphasen, sie wurde nach dem Kirchenbrand 1680 neu in Barockformen geschaffen.

Die ganze Kirche wirkt etwas geduckt, als hätte sie schweren Zeiten standhalten müssen. So war es auch. Cremmene, slawisch Kieselstein, lautet der erste von 1216 überlieferte Name. Der Damm von Kremmen war über Jahrhunderte die einzige Nord-Süd-Verbindung über das sumpfige Luch, er verband die Ländchen Glien und Löwenberg, weshalb es hier auch zu Kämpfen um den Übergang kam. So geschehen 1334, als die bayrischen Wittelsbacher in ihrer Eigen-

schaft als brandenburgische Kurfürsten gegen den Herzog von
Pommern kämpfen ließen.

An eine weitere Schlacht erinnert ein Steinkreuz am Kremmer
Damm, nördlich des Ruppiner Kanals linker Hand, das König Friedrich Wilhelm IV. 1845 für einen Vorfahr aufstellen ließ. Friedrich I.,
der erste Hohenzoller auf brandenburgischem Thron und eigentlich
Burggraf von Nürnberg, ließ 1412 seinen neuen Besitz gegen die
Pommern verteidigen – in diesem Falle verlor man die Schlacht. Doch
in beiden Fällen mussten die Kremmener leiden, so auch im Dreißigjährigen Krieg. Darüber hinaus verwüsteten allein im 17. Jahrhundert
drei Brandkatastrophen, die zumeist von den Scheunen im Stadtkern
ausgingen, den Ort – 1606, 1630 und 1680. Im Jahre 1890 hatte
Kremmen 2 758 Einwohner, genau 110 Jahre später waren es gerade
mal 200 mehr. Schade für den Stadtkämmerer, schön für Ruhe schät-
zende Einheimische und Besucher.

Dass man hier schnell in der Natur ist, merkt man bei der Fahrt zum
Kremmener See und zum **Hotel und Restaurant Kremmener Luch**,
einem Strandbad-Seehotel. Es steht am Ende des Seewegs, der von
der Ruppiner Straße abzweigt. Schon die lange Anfahrt zeigt einiges
vom Reiz der feuchten Luchlandschaft.

Selten trägt ein Haus den Untertitel Seehotel mit solchem Recht,
steht doch dies Haus nicht am, sondern im Wasser. »Gastfreund-
schaft auf 64 Pfählen« heißt der Werbespruch und beschreibt damit
die Konstruktion des Neubaus. Auf der Terrasse mit 120 Plätzen sitzt
man über dem schilfgesäumten Wasser, im Haus ist das Ambiente
licht und gepflegt. Mitbetrieben wird das **Strandbad** neben dem
Haus sowie der hauseigene **Rad- und Bootsverleih**. Der See hat seinen besonderen Reiz auch an Nebel- oder Wintertagen.

Unweit des Hauses beginnt am Parkplatz ein **Naturlehrpfad** und informiert über Pflanzen und Tiere des **Naturschutzgebietes Kremmener Luch**. Beispielsweise rasteten hier im Frühjahr und Herbst zehn-
tausende Kraniche und nordische Wildgänse. Das Rhinluch, zu dem
das Kremmener gehört, ist eine Moorlandschaft, die sich nach der letzten Eiszeit aus den breiten Niederungen des Eberswalder Urstromtals
entwickelte. Nach dem Abschmelzen des Eises blieben flache Seen
übrig, die zumeist langsam verlandeten und Torflager bildeten. Bis
heute ist die Luchlandschaft unwegsam und kaum besiedelt.

Die Ortschaften am Übergang zu den trockenen höher gelegenen Gebieten umfassen das Rhinluch im Norden auf der Linie Garz, Walchow, Wustrau und Sommerfeld sowie im Süden mit Lentzke, Fehrbellin, Linum und Kremmen. An den schmalsten Stellen und Übergängen des Rhinluchs entstanden mit Fehrbellin und Kremmen die größten Ortschaften. Somit liegt Kremmen am Südrand des Luchs und am Nordrand des Ländchens Glien. Seit 350 Jahren hat der Mensch durch Entwässerungssysteme versucht, diese Landschaft urbar zu machen. 1924 wurde das Gebiet des Kremmener Sees unter Naturschutz gestellt.

Wer bei so viel Natur nach etwas Kultur sucht, gedenke an der Ruppiner Chaussee 60a des Autors **Richard Dehmel.** Bevor sich die Straße nach Sommerfeld in die Kurve über den Kanal legt und die heutige Försterei erreicht, steht dort das von außen stark veränderte alte Forsthaus. Hier wuchs der Dichter ab 1867 im Hause seines Vaters, des Revierförsters, auf. Vielleicht macht Kremmen so wenig Aufhebens um diesen Kremmener, weil er so schwer einzuordnen ist. Ein Pathetiker, Impressionist, Symbolist, Chauvinist, Naturalist – der als solcher gleich Hauptmann auch Kontakte zum Friedrichshagener Kreis um Wilhelm Bölsche unterhielt: Dehmel ist schwer zu fassen. Lassen wir ihn zu Wort kommen: »Der Sturm behorcht mein Vaterhaus,/Mein Herz klopft in die Nacht hinaus,/Laut; so erwacht ich vom Gebraus/Des Forstes schon als Kind./Mein junger Sohn, hör zu, hör zu:/In deine ferne Wiegenruh/Stöhnt meine Worte dir im Traum der Wind. (...) Und wenn dir einst von Sohnespflicht,/Mein Sohn, dein alter Vater spricht,/Gehorch ihm nicht, gehorch ihm nicht:/Horch, wie der Föhn im Forst den Frühling braut!/Horch, er bestürmt mein Vaterhaus,/Mein Herz tönt in die Nacht hinaus,/Laut –« Solche Zeilen würden die meisten Väter noch nicht mal denken, geschweige denn öffentlich aufschreiben. Lassen wir Dehmel zum Abschied aus Kremmen die Überleitung zur Fahrt nach Süden, nach Vehlefanz:

» Es steht ein goldnes Garbenfeld,/Das geht bis an den Rand der Welt./Mahle, Mühle, mahle!/Es stockt der Wind im weiten Land,/Viel Mühlen stehen am Himmelsrand./Mahle, Mühle, mahle!«

Info

Museumsscheune Kremmen

Tourismusbüro und Märkischer Hofladen
Scheunenweg 49
16766 Kremmen
Tel. 03 30 55 / 715-00
Fax: 03 30 55 / 715-01
E-Mail: KremmenMu@t-online.de
Internet: www.Amt-Kremmen.de
Di–So 10–16 Uhr

Gastronomie

Kremmener Luch

Restaurant und Hotel im See, Strandbad,
Rad- und Bootsverleih
Am Seeweg 4a
16766 Kremmen
Tel. 03 30 55 / 703 56
Fax: 03 30 55 / 704 43
tgl. 10–24 Uhr

Vehlefanz, Velten und Marwitz

Südlich Kremmens liegt **Vehlefanz** mit einer **Bockwindmühle**, die
Teil des Kreismuseums Oranienburg ist. Sie wurde 1815 errichtet und
ist die letzte der vielen Mühlen, die am Luch und an der Oberhavel
einst standen. In Vehlefanz findet man auch eine beeindruckende
Feldsteinkirche aus dem 15. Jahrhundert, die in der ersten Hälfte des
18. Jahrhunderts verändert und ergänzt wurde. Am Lindenweg neben dem etwa 240 Jahre alten Amtshaus liegen Reste der mittelalterlichen Burg.

Ein Dorf weiter südlich, in **Marwitz**, arbeitet die Werkstatt der – im
Jahre 2001 verstorbenen – bekanntesten ostdeutschen Keramikerin. Die **Werkstatt Hedwig Bollhagen** befindet sich in denkmalgeschützten Gebäuden im Bauhausstil. 1934 hatte Bollhagen, damals
26-jährig, den Betrieb übernommen. Ob Schmuck an bekannten Gebäuden oder Butterdosen – hohe Qualität und meist farbige sowie
wirkungsvoll schlichte Gestaltung sind die Markenzeichen der Produkte mit dem berühmten HB.

Östlich von Marwitz, in **Velten**, geht es ebenfalls um den guten Ton. In dem alten Angerdorf am Abstieg des Ländchens Glien zum Haveltal entdeckte man 1828 ein reiches Vorkommen weißen Töpfertons. Industrie siedelte sich an, Velten wuchs und wurde 1935 Stadt. Bis zu vierzig Ofenfabriken arbeiteten hier, ohne Velten wäre den Berlinern ganz schön kalt geworden. In der Nähe des Bahnhofs kann man in dem hundertjährigen Fabrikgebäude der letzten produzierenden Ofenfabrik das **Ofenmuseum** besuchen. Bis zu fünfhundert Jahre alte Öfen, Zierkacheln sowie eine Töpferei geben seit 1994 Einblicke in die Produktion.

Wer sich in der Nähe Veltens abkühlen möchte, überquere auf der Pinnower Chaussee die A111. Vor dem Berliner Autobahnring liegt der Bernsteinsee, der beim Autobahnbau durch Kiesgewinnung entstand. In den südlich angrenzenden Wäldern kann man wandern, im See baden oder Brandenburgs einzige **Wasserskianlage** benutzen.

Werkstatt Hedwig Bollhagen
Triftstraße 60
16727 Marwitz
Tel. 033 04 / 398 00
Verkaufsausstellung: Mi 9–17 Uhr,
Sa 10–14 Uhr;
Führungen jeden letzten Mi im Monat ab 13 Uhr

Ofen- und Keramikmuseum Velten
Wilhelmstraße 32
16727 Velten
Tel. 033 04 / 317 60
Fax: 033 04 / 50 58 87
E-Mail: info@ofenmuseum-velten.de
Internet: www.ofenmuseum-velten.de
Di–Fr 11–17 Uhr, Sa, So 13–17 Uhr;
Führungen durch die Ofenfabrik jeden Mi
und jeden ersten Sa im Monat

Mit den Öffentlichen/dem Rad unterwegs

ÖPNV
- RE5 bis Nauen, Bus 659 über Börnicke, Paaren, Pausin
- Bus 671 ab Bhf. Nauen über Börnicke, Paaren, Pausin (Fahrten über Schönwalde bis Spandau)
- Bus 659 ab Nauen nach Tietzow
- Bus 800 werktags nach Groß-Ziethen und nach Flatow (Wanderweg nach Tietzow)
- RB55 ab Hennigsdorf
- RE6 bis Velten und Kremmen
- S25 bis Hennigsdorf, weiter mit RB55 bis Kremmen und Velten

Fahrradtouren
- Ab Bhf. Kremmen über Groß-Ziethen und Staffelde Autobahn passieren, durch den Krämer Forst, nördlich des Gliener Bergs Autobahn passieren, weiter durch den Krämer über Krämerpfuhl, Pausin, Schönwalde nach Berlin-Spandau
- Ab S-Bhf. Hennigsdorf nach Marwitz, dort über Ziegenkruger Weg durch den Krämer Forst, bei Wolfslake über Klein-Ziethen nach Kremmen
- Ab Bhf. Nauen über Nauen/Weinberg, Stoplshof, Paaren, Grünefeld, Krämerpfuhl, Ziegenkrug, Marwitz bis S-Bhf. Hennigsdorf

Zu Fuß und im Wasser

Wandern
- Ab Pausin oder Börnicke durch den Krämer Forst
- Ab Kremmen zum Naturlehrpfad Kremmener Luch
- Ab Schönwalde Strandbad/Kurmärkische Straße Richtung Schleuse, über den Havelkanal durch den Wald bis Dorf Schönwalde und zurück durch Schönwalde Siedlung

Baden
- Strandbad Schönwalde, Badewiese Südufer
- Kiessee Grünefeld (auch als Spaziergang von Börnicke)
- Strandbad Kremmen, Kremmener See, Ostufer
- Bernsteinsee Velten/Pinnow, Südufer

Die grünen Stadtränder von Berlin und Potsdam

11 Der Tegeler See im Berliner Nordwesten

Das Ausflugsgebiet

Ein See mit Inseln, Seeterrassen und Ausflugsschiffen. Ein Hafen, an dem die Postmoderne festgemacht hat. Industriegeschichte, die ins Grün wanderte. Wandern an Wald und Ufer zu Geschichten um Hannah Höch und die Humboldts – all das macht den grünen Nordwesten Berlins aus.

Von Tegel Zentrum zur Jungfernheide

Tegel ist nur ein Ortsteil des Bezirkes Reinickendorf und hat doch fast alles, was eine (Klein)stadt ausmacht. Tegel hat einen S- und einen U-Bahnhof sowie Autobahnanschluss. In Tegel gibt es Hochhäuser, einen Hafen und eine Fußgängerzone mit Geschäften und Einkaufszentrum. Dies ist die Gorkistraße, der man zur Berliner Straße folgen kann, wenn man mit der S-Bahn in Tegel angekommen ist. Im Ortskern von Tegel wird ein weiteres Mal deutlich, dass Berlin eine »polyzentrische Stadt« ist, also eine Stadt mit vielen Unterzentren.

In der Berliner Straße Nummer 16 gibt es auch ein Museum: Im **Feuerwehrmuseum Berlin** erfährt man alles über die 150-jährige Geschichte der größten und ältesten deutschen Berufsfeuerwehr. Südlich der Feuerwache beginnt das Borsig-Gelände mit einem der gelungeneren neuen Berliner Einkaufszentren, den **Borsighallen**. Nach Entwürfen von Claude Vasconi aus Paris verbindet das Zentrum alte Industriearchitektur mit neuen Elementen; ein Kinozentrum gehört auch dazu. Auf dem Gelände verweist das Hochhaus **Borsigturm** auf die Geschichte des Areals.

Die von August Borsig 1837 gegründete Eisengießerei und Maschinenbauanstalt befand sich vor dem Oranienburger Tor in Berlin. Aufgrund des Aufstiegs der Anstalt zu Europas größtem Lokomotivenbauer zog Borsig zehn Jahre später nach Moabit, und 1898 brachten Friedrich-Ernst und Konrad Borsig das Werk nach Tegel, wo keine Platzprobleme mehr herrschten. Diese Entwicklung ist ein typisches Beispiel für die so genannte industrielle Randwanderung im 19. Jahrhundert. Vorgänge dieser Art haben die grünen Ränder der Großstadt Berlin erheblich verändert. Als Wahrzeichen des Borsigwerkes entstand bis 1924 mit dem elfgeschossigen Borsigturm ein Verwaltungshochhaus mit gotisierenden Elementen. Nach der Weltwirtschaftskrise wurde Borsig 1931 von Rheinmetall übernommen. An die Nutzung von Teilen des Geländes durch den Büromittelhersteller Herlitz schloss sich die von der Herlitz-Immobilientochter angestoßene heutige Neuausrichtung und -gestaltung an; neue Firmen zogen ein, auch ein Hotelneubau wurde errichtet. Zum Tegeler See hin liegt der **Borsighafen**, durch aus Trümmerschutt bestehenden Landarmen vom See getrennt.

In Richtung Süden führen Neheimer und Bernauer Straße am Seeufer entlang des Forstes **Jungfernheide** nach Saatwinkel. Südlich der Insel Reiswerder liegt eine **Badestelle**. Die Jungfernheide ist benannt nach den Benediktiner-Nonnen aus Spandau, die den Nonnendamm nördlich der Spree nutzten, um zu ihren Besitzungen östlich Spandaus zu gelangen.

Quer durch die Jungfernheide führt der Maienwerderweg. Er beginnt westlich unweit der Insel Maienwerder und führt Richtung Osten am **Flughafensee** vorbei. Der bekannte Badesee entstand durch Kiesabbau bis 1978. Heute kann man am Flughafensee vom Süden träumen, derweil die Flieger von der nahe gelegenen Startbahn nach Teneriffa oder Mallorca abheben. Der Maienwerderweg endet unweit des U-Bahnhofs Holzhauser Straße und tangiert das Gelände der 1998 eröffneten Justizvollzugsanstalt Tegel mit ihren Gebäuden und der Anstaltskirche.

Wie gesagt hat Tegel fast alles, was eine Kleinstadt ausmacht – nur einen Flughafen hat es trotz Flughafensee nicht (doch welche Kleinstadt hat schon einen Flughafen?). Der »Flughafen Tegel – Otto Lilienthal« liegt nur mit seinem kleinsten, westlichen Teil in Tegel, ansonsten mit fast allen Gebäuden im Ortsteil Reinickendorf. Die Zufahrt hingegen liegt auf Charlottenburger Gebiet. Angelegt wurde der Flughafen von der französischen Besatzungsmacht zur Zeit der Luftbrücke. Die heutigen Bauten entstanden im Wesentlichen bis 1975. Wenn es irgendwann einen neuen Großflughafen Berlin-Brandenburg geben sollte, wird dieser vielleicht geschlossen und der grüne Berliner Norden ruhiger – dafür der grüne Süden lauter ...

Feuerwehrmuseum Berlin
in der Feuerwache Tegel, Berliner Straße 16
13507 Berlin
Tel. 030 / 43 90 61 80
So, Mo, Di 9–12 Uhr, Mi 16–19 Uhr
(Führung nach Anmeldung)

Von Alt-Tegel zum Schloss Tegel

Vom Ortskern Tegel führen die Wege vieler Spaziergänger und Spaziergängerinnen nicht Richtung Süden, sondern durch die Straße Alt-Tegel zur **Greenwichpromenade** – vorbei an Eiscafés und Restaurants wie dem modernen **Ristorante La Ferla**, das auch auf den achtzig Außenplätzen gehobenere italienische Küche serviert.

Man passiert unter anderem das Haus Nummer 51 aus dem Jahre 1835. Hier wohnte der letzte Tegeler Lehnschulze August Ziekow. Die Kirche ersetzte 1912 den Vorgängerbau aus dem 18. Jahrhundert. Bald ist die bis 1911 im See aufgeschüttete Seepromenade erreicht, heute nach dem Londoner Partnerortsteil von Tegel, Greenwich, benannt. Kanonenrohre, Londoner Telefonzelle und Briefkasten erinnern an Greenwich, den an der Themse gelegenen Sitz des Marinemuseums, der Seefahrtakademie und der alten Sternwarte auf dem Nullmeridian. Wie in Greenwich legen auch von Tegel Schiffe zu Ausflugsfahrten ab.

Der betriebsame **Fahrgasthafen** wird genutzt von vielen kleineren Privatreedereien, die hier im Westteil der Stadt überlebt haben. Doch auch die größte Berliner Fahrgast-Reederei, die Stern und Kreis Schifffahrt, zeigt Flagge und schickt mit dem Walfischboot »Moby Dick« und dem Schein-Raddampfer »Havelqueen« auffällige Schiffe in die Konkurrenz. Fahrten führen unter anderem zum Nieder-Neuendorfer See oder bis Oranienburg. Neben den Fahrgastschiffen gibt es in Tegel auch Tretboote zu mieten, und es existieren zahlreiche Ruder- und Segelclubs.

Wer sich noch nicht für ein Wasserfahrzeug entscheiden kann, macht es sich beispielsweise in den **Tegeler Seeterrassen** bequem. Von der Dachterrasse des zusammen mit dem ganzen Komplex 1964 errichteten Großrestaurants geht der Blick auf das Treiben am Ufer und in Richtung See. Der Tegeler See, Berlins drittgrößter See, ist vier Kilometer lang und zur Havel hin offen. Mit sechs Inseln ist er der inselreichste der Berliner Seen. Vier Zuflüsse vom Barnim herab speisen ihn, darunter das Tegeler Fließ und der Nordgraben. In den fünfziger Jahren war der See noch zu großen Teilen von dichten Schilfgürteln gesäumt. Besonders nach dem Bau der Mauer 1961 wurden Ufer und Wasser von Menschen übernutzt; der Lebensraum vieler Lebewesen wurde immer kleiner, die Schilfgürtel verschwanden.

Nördlich der Anlegebrücken an der Greenwichpromenade führt die leuchtend rote Sechserbrücke Richtung Malchsee und Forst Tegel. Die Fußgängerbrücke hat ihren Namen vom Brückenzoll, den man auf die 1909 errichtete Konstruktion erhob. Die Brücke überquert das Tegeler Fließ, und strömungsaufwärts ist eine Erweiterung des Fließes, der **Tegeler Hafen**, zu sehen. Hier haben statt Schiffen Gebäude der Postmoderne festgemacht. Zur Internationalen Bauausstellung IBA 1987 entstanden unter der Gesamtleitung der kalifornischen Architekten Moore, Ruble und Yudell teils schlossähnliche Häuser mit 351 Wohnungen.

Jenseits des Hafens mit künstlicher Insel lockt die mit ihrem gewölbtem Zinkdach eigenwillig anmutende **Humboldt-Bibliothek**. Sie ist benannt nach den berühmtesten Tegelern, den Gebrüdern Wilhelm und Alexander von Humboldt. Beide trifft man in Form eines Denkmales am Ostrand des Hafenbeckens vor der Bibliothek. Welcher der Brüder als Leiter des preußischen Erziehungswesens und Mitbegründer der ersten Berliner Universität, die heute den Namen Humboldt trägt, wirkte und welcher als Südamerika-Reisender die moderne Geographie begründete, ist hier unschwer zu erkennen. Wilhelm und Alexander von Humboldt verbrachten ihre Kindheit nördlich der Tegeler Mühle, deren Komplex heute unter anderem ein Hotel beherbergt.

Das **Schloss Tegel**, auch Humboldtschlösschen genannt, findet man hinter der Mühle über Gabrielenstraße und Adelheidallee. Das Gut wurde unter Kurfürst Joachim II. 1558 angelegt. 1766 heiratete der Vater der beiden erwähnten Humboldts Frau von Holwede, die Witwe des letzten Gutsbesitzers. Der Sprachforscher Wilhelm von Humboldt war unter anderem bereits als Diplomat in Rom, London und Wien gewesen und derzeit Minister für ständische Angelegenheiten, als im August 1819 die Karlsbader Beschlüsse der Regierungen Preußens und Österreichs Maßnahmen zur Unterdrückung nationaler und liberaler Bewegungen in Gang setzten. Humboldts Reaktion war Kritik: »schändlich, unnational, ein denkendes Volk aufregend«. Er regte sich auf und verließ den Staatsdienst – das denkende Volk ließ sich mit der Aufregung zunächst bis 1848 Zeit. Humboldt zog sich 1831 endgültig wieder ganz nach Tegel zurück. Zuvor, bis 1824, wurde das Schloss unter Karl Friedrich Schinkel umgebaut, wobei es seine Eigenart durch vier Ecktürme gewann. Der bis 1789 angelegte und 1824 überformte Schlosspark birgt die ebenfalls von Schinkel gestaltete Grabstätte, in der sowohl Wilhelm als auch Alexander von Humboldt und ihre Nachfahren beigesetzt sind. Ganz lebendig sind jene Nachfahren, die einen Teil des Hauses bewohnen. Der Park ist nicht öffentlich, wird aber von der Familie meist zugänglich gehalten. In der wärmeren Jahreszeit können Interessierte einen Teil der Räume, unter anderem mit Werken von Christian Daniel Rauch und Ludwig Tieck ausgestattet, besichtigen – allerdings nur montags, nicht an Feiertagen und nur mit Führung.

Schloss Tegel – Humboldt-Museum
Adelheidallee 19–21
13507 Berlin
Tel. 030/434 31 56
Sommer: Mo (außer feiertags)
Einlass nur mit Führung

Ristorante La Ferla
Alt-Tegel 25
13507 Berlin
Tel. 030 / 433 60 10

Tegeler Seeterrassen
Wilkestraße 1
13507 Berlin
Tel. 030 / 433 80-01
Fax: 030 / 433 80-38

Rund um den Tegeler Forst

Nach einem Schlossbesuch kann man sich vor dem Ende der Gabrielenstraße der Sechserbrücke zuwenden und anschließend dem Ufer zur nördlichen Bucht des Tegeler Sees, dem **Großen Malchsee**, folgen. Auf der ersten Landspitze findet sich seit 1989 eine Erinnerung an Hannah Höch. Hannah Höch war Malerin, einzige Frau in der Berliner Dada-Gruppe und 1918 eine der Erfinderinnen der Foto-Collage. Die **Skulptur** »Der Archaische Erzengel vom Heiligensee« schuf Siegfried Kühl. Fundstücke aus dem See, Holzbohlen, Planken und Reste eines Bootsrumpfes sind nach Höchs Collagenprinzip zusammengestellt. Der Bronze-Erzengel schaut über den Tegeler See. Die Lebensdaten und Zitate Höchs schmücken ihn.

Vom Großen Malchsee führen Wege durch den **Tegeler Forst** nach **Heiligensee**. Dort, An der Wildbahn 33, wohnte Hannah Höch vierzig Jahre lang. Hier zog sie sich bis zu ihrem Tode im Jahre 1978 in die innere Emigration zurück. Zur NS-Zeit hatte sie Ausstellungsverbot und wurde als »entartete« Künstlerin verfolgt. Im Gegensatz zu vielen anderen konnte sie jedoch nach dem Krieg wieder an ihre Schaffenskraft anküpfen und der Berliner Moderne wichtige Anstöße geben. Beigesetzt wurde die Künstlerin auf dem Friedhof Heiligensee in der Sandhauser Straße.

Am gegenüberliegenden Malchseeufer erreicht man über den Schwarzen Weg das Grundstück der **Villa Borsig** auf der Halbinsel **Reiherwerder**. Reiherwerder wurde künstlich geschaffen, indem man zwei Inseln durch Aufschüttungen mit dem Land verband. Hier ließen die bereits erwähnten Enkel des Firmengründers Borsig, Friedrich-Ernst und Konrad, 1910 in Sichtweite des auf der anderen Seeseite gelegenen Werks einen repräsentativen Wohnsitz errichten. Die Villa Borsig soll mit den seitlichen Säulenhallen und dem gerundeten mittleren Vorbau an Schloss Sanssouci erinnern. Die Borsigvilla wird samt dem früheren Pavillon du Lac der französischen Besatzungsmacht zur Ausbildungsstätte der deutschen Diplomaten um- und ausgebaut.

Am Ende des Schwarzen Weges werden im ehemaligen Forsthaus, dem heutigen **Restaurant Toulouse im Tegeler Forst**, die Freunde einer traditionellen Cuisine française verwöhnt. Wirt und Koch Sticht zog allerdings nicht von Frankreich hierher, in den damaligen französischen Sektor, sondern aus Ku'Damm-Nähe. Waldeinwärts gibt es ein **Wildgehege** – seine Bewohner dienen jedoch keineswegs dem Koch als Rohstoff – und vom Restaurant aus einen Seeblick.

Etwas weiter uferabwärts liegt das **Strandbad** Tegel, früher »Arbeiterstrand« genannt. Die Arbeiter von den Borsigwerken in Tegel kamen hierher. Hinter dem Strandbad setzt über, wer auf der **Insel Scharfenberg** zu tun hat. Die Insel war ab 1777 im Besitz der Familie Humboldt. Neunzig Jahre später pflanzte der Botaniker Carl August Bolle auf der von ihm erworbenen Insel über siebenhundert ausländische Pflanzen. Der Lärm vom Schießplatz Tegel auf dem Gelände des heutigen Flughafens zwang ihn zwischenzeitlich, die Insel zu verlassen. In Bolles Wohnhaus richtete Wilhelm Blume 1922 eine Reformschule ein, in der erstmals der Versuch unternommen wurde, durch ein Kurssystem auf die verschiedenen Begabungen und Interessen der Lernenden einzugehen. Auf der Schulfarm erlernten die mitspracheberechtigten Schüler auch praktische Fähigkeiten. Hier gründete der 15-jährige Reinickendorfer Hans Coppi 1931 eine Zelle des kommunistischen Jugendverbandes KJVD. Später wohnten er und seine Frau Hilde auf der anderen Seeseite, in der Kleingartenkolonie Am Waldessaum unweit des Flughafensees. Beide arbeiteten in der Widerstandsgruppe Schulze-Boysen/Harnack, die die Gestapo »Rote Kapelle« nannte und die sich unter anderem gegen den Krieg wandte. Nach Aufdeckung der Gruppe verhaftete die Gestapo ab August 1942 über 500 Menschen. 50 Mitglieder der Gruppe wurden hingerichtet, darunter Hans und Hilde Coppi, letztere nach der Geburt ihres Kindes. Auf Scharfenberg erinnert eine Bronzetafel an die ehemaligen Schüler Coppi und Hans Günther, der ebenfalls 1942 hingerichtet wurde, nachdem er Flugblätter gegen den Krieg verteilt hatte.

Dort, wo der Tegeler Forst in Tegelort übergeht, wo der See in die Havel aufgeht, findet man mit dem Ausflugslokal **Terrassen am See** einen stolzen Rest der einst zahlreichen Lokale ähnlichen Stils, in denen nicht nur die Arbeiter der Borsigwerke schwooften. Die Terrassen des 1893 erbauten Hauses reichen heute bis über das Wasser.

Die vier aufeinander folgenden Kolonien Tegelort, Joersfelde, Konradshöhe und Sandhausen wurden 1872, 1891, 1868 und 1850 gegründet. An die Lage von Sandhausen und Joersfelde erinnern nur noch Straßennamen. So ist die Joersstraße nach dem Gründer der Siedlung, dem Berliner Mützenfabrikanten Otto Joers, benannt. Er kaufte von Heiligenseer Bauern Land, teilte es in Grundstücke auf und ließ dort die ersten Häuser selbst errichten. Die weiteren Parzellen verkaufte er weiter.

Die Joersstraße führt direkt auf die Autofähre zu, die zum Spandauer Aalemannufer übersetzt. Auf Spandauer Seite lädt der **Berliner Forst Spandau** mit den Naturschutzgebieten Rohrbruch und Teufelsbruch zu ausgedehnten Spaziergängen ein – bis hin zum Eiskeller genannten Gebiet zwischen Schönwalde und Falkensee. An der Bürgerablage gegenüber von Konradshöhe liegen Bürger auf der Spandauer Havelseite und nutzen diese **Badestelle** mit dem scheinbar passenden Namen. Tatsächlich befand sich hier eine Ablage von Floßholz, mit dem Spandauer Bürger Geld machten. Auf der gleich folgenden Fichtewiese liegt etwas zurückgesetzt vom Wasser die Waldschule, in der Kindern vorgestellt wird, wie das komplizierte Ökosystem Wald funktioniert und vor dem Menschen geschützt werden kann.

Wieder auf der Tegelorter Seite der Fähre betreibt die Familie Igel das **Hotel-Restaurant Igel** im September 2002 genau ein halbes Jahrhundert lang. Das können bis zu 300 Gäste auf der Terrasse würdig feiern. Doch auch vor und nach der Jubelfeier freuen sich die Igels über Gäste, die den Schiffen zuschauen und Fisch oder anderes verspeisen wollen.

Weiter flussaufwärts führt eine schmale Öffnung unter der Sandhauser Brücke zum **Heiligensee**. Besser gesagt, sie würde führen, wenn sie nicht verschlossen wäre. Der See ist wegen Privateigentums für Schiffsverkehr gesperrt, südlich der Sandhauser Brücke gibt es jedoch ein **Strandbad** am Heiligensee.

Der Dorfkern von Heiligensee liegt nördlich, zwischen Nieder Neuendorfer und Heiligensee. Der alte **Dorfanger** zwischen den beiden Seen ist in seiner Gestalt erhalten, ebenso die etwa fünfhundert Jahre alte Kirche. An ihrer Stelle soll der Sage nach ein »silbern Heiliger« gestanden haben, mit dem man alle hundert Jahre das Wasser des entsprechend benannten Sees weihte. Das geweihte Wasser soll dann von den Menschen ringsumher abgeholt und in der Hoffnung auf Gottes Segen nach Hause getragen worden sein.

Von Heiligensee führt die Heiligenseestraße wieder Richtung Tegel. Unterwegs, an der Ecke zur Karolinenstraße, lockt ein erstmalig im Jahre 1752 erwähntes Haus: **Der Alte Fritz – Brauhaus Johann Albrecht** gehörte einst zum Gut Tegel. Als ein gewisser Schriftsteller namens Goethe 1778 im damals »Neuer Krug« genannten Etablissement einkehrte, erfuhr er von einem Spuk im Forsthaus Tegel. Freundlicherweise erwähnte er dies auch im »Faust« anlässlich der Walpurgisnacht, weil sich Tegel so schön auf »Regel« reimt. Ob es in Tegel noch spukt, lässt sich herausfinden, wenn man lang genug im Alten Fritz verweilt – die Küche hat zumindest bis zur Geisterstunde geöffnet. Und bei Sonnenschein lädt der 500 Personen fassende Biergarten ein, in dem der tägliche Bierausschank Berliner Spitzenwerte erreicht. Von hier aus schafft man es notfalls auch zu Fuß – jedenfalls in gerader Linie – in zehn Minuten zum U-Bahnhof Tegel.

Gastronomie

Restaurant Toulouse im Tegeler Forst
Schwarzer Weg
13505 Berlin
Tel. 030 / 433 70 63
Fax: 030 / 433 48 06
Internet: www.restaurant-toulouse.de

Terrassen am See
Scharfenberger Straße 41
13505 Berlin
Tel. 030 / 431 13 22

Gastronomie

Igel
Restaurant und Hotel
Friederikestraße 20
13505 Berlin
Tel. 030/436 79 80
Fax: 030/436 24 70

Der Alte Fritz – Brauhaus Johann Albrecht
Karolinenstraße 12
Tel. 030/433 50 10
Mo–Fr 16–1 Uhr, Sa, So 11–1 Uhr

Mit den Öffentlichen/dem Rad unterwegs

ÖPNV
- S25 bis Tegel
- U6 bis Alt-Tegel
- U6 bis Holzhauser Straße (Richtung Maienwerderweg)
- Bus 222 ab/bis Tegelort
- Bus 133 ab/bis Alt-Heiligensee
- Bus 133 bis Maienwerderweg

Schiffsverbindungen
Ab Tegel, Greenwichpromenade fahren Schiffe bis: Oberhavel, Hotel Dannenberg/Alt-Heiligensee, Nieder Neuendorf, Oranienburg, Spandau, Havel/Wannsee, Berlin-Innenstadt

Fahrradtouren
- Ab U-Bhf. Holzhauser Straße über Maienwerderweg, Bernauer Straße, Borsigdamm, Greenwichpromenade, Schwarzer Weg, Tegelort, Havelufer, Sandhauser und Hennigsdorfer Straße bis S-Bhf. Heiligensee oder durch den Tegeler Forst bis U-Bhf. Alt-Tegel

Zu Fuß und im Wasser

Wandern
- Ab U-Bhf. Alt-Tegel über Alt-Tegel oder Tegeler Hafen/Gabrielenstraße zum Großen Malchsee, weiter den Schwarzen Weg bis Tegelort (Bus 222)
- Ab Schönwalder Allee/Oberjägerweg (Bus 145 ab Spandau) am Teufelsbruch vorbei zum Aalemannufer, von hier Fähre nach Tegelort (Bus 222)
- Ab Großer Malchsee den Mühlenweg (quert Konradshöher Straße) bis Sandhauser Straße/Friedhof Heiligensee, weiter am Havelufer bis Tegelort (Bus 222)

Baden
- Tegeler See, Ostufer, nahe Saatwinkel
- Flughafensee, Nordufer
- Strandbad Tegel, Schwarzer Weg
- Strandbad Heiligensee, Südspitze

12 Köpenick und der Müggelsee im Südosten Berlins

Im Südosten Berlins liegt mit Köpenick der größte sowie wald- und wasserreichste Altbezirk der Stadt. Hier lässt sich Berlins größter See, der Müggelsee, bequem per Schiff entdecken, und die Wanderer können die höchsten Berge der Stadt erklimmen. Ob das Wassermuseum, die Kanäle Neu-Venedigs oder die Regattastrecke der Olympiade 1936 – in Köpenick dreht sich fast alles um das Leben spendende Nass. Natürlich gibt es zahlreiche Möglichkeiten, auch andere Flüssigkeiten zu entdecken und zu sich zu nehmen.

Altstadt Köpenick

Beliebter Ausgangspunkt für Erkundungen Köpenicks ist die Altstadt, auf Inseln am Zusammenfluss von Spree und Dahme gelegen. Siedlungskern in slawischer Zeit war jene Insel, auf der sich heute das Schloss befindet. Aus der Burg eines slawischen Herrschers wurde nach der Eroberung der Mark Brandenburg durch den Markgrafen Albrecht den Bären eine deutsche Burg, die später durch das heutige Schloss ersetzt wurde.

Auf der **Schlossinsel** nennt das Portal jenseits des Schlossgrabens als Bauherren der heutigen Anlage den brandenburgischen Kurprinzen Friedrich und als Entstehungszeit das Jahr 1682. Friedrich verfolgte den Bau nicht weiter, nachdem seine erste Frau, Elisabeth, verstorben war. Seine zweite Frau, Sophie Charlotte, entschied sich für einen Schlossneubau im heutigen Charlottenburg. Somit wurde in Köpenick der ursprünglich als Seitenflügel geplante Bau zum Haupttrakt. Im Bogen des Mittelrisalits sind Fischerei und Jagd figürlich symbolisiert, beide halten den Kurhut der brandenburgischen Kurfürsten und zeigen, warum die Hohenzollern in dieser Gegend überhaupt ein Anwesen betrieben. Nach dem jagdbegeisterten Joachim II. frönte der Soldatenkönig Friedrich Wilhelm I. hier derselben

Leidenschaft. Ebenfalls an diesem Ort ließ er den berühmten Prozess gegen seinen Sohn, den späteren Friedrich II., und seinen Flucht-helfer, Leutnant Katte, abhalten. Bis 1926 als Lehrerseminar und ab 1963 als Kunstgewerbemuseum genutzt, wird das Schloss nun zu einem Museum für Raumkunst der Renaissance und des Barock umge-staltet. Die Schlosskirche gegenüber wurde 1685 als erster evange-lischer Zentralbau in Brandenburg für die hiesige reformierte Gemein-de, vornehmlich Hugenotten, errichtet.

Hinter der Kirche liegt die Dahmebucht Frauentog, angeblich be-nannt nach der Sage von den tapferen Frauen Köpenicks, die durch nächtliches Fischen die Stadt in bitterer Not retteten. Jenseits der Bucht verläuft die Straße **Kietz**. Kietz ist ein Wort slawischen Ursprungs, seine Bedeutung entwickelte sich von »Hütte« zu »Fischerdorf«. Dies ist der Bereich des alten slawischen Fischerdorfes, dessen Bewohner nicht mehr auf der Burginsel leben durften. Viele der mittlerweile rekons-truierten Häuschen erzählen noch von der kargen alten Zeit.

In Verlängerung der Straße Kietz lädt das **Café Krokodil im Fluss-bad Gartenstraße**, einem alternativen Jugendprojekt angehörend, zum inneren und äußeren Befeuchten. Von der Terrasse aus lassen sich die Sonnenuntergänge auf der anderen Seite der Dahme genießen.

In der Altstadt Köpenick lohnt ein Spaziergang zum 1904 einge-weihten **Rathaus**. Direkt vor dem Gebäude erinnert eine Statue an den Schuster Wilhelm Voigt, der, als Hauptmann verkleidet, hier einen Pass zu erobern versuchte, um auszureisen und so dem kaiserlichen System zu entfliehen.

Nicht weit befindet sich in der Straße Freiheit im Hof des Hauses Nummer 12, einer früheren Dampfwäscherei, das anatolische **Res-taurant Lehmofen**. Direkt aus dem Namensgeber des Hauses wird das Essen frisch serviert. Auf der sehr erholsamen Terrasse sitzt man direkt an der Spree. Gegenüber liegt die Baumgarteninsel, auf der die Köpenicker Lohnwäscherinnen die Tücher zum Trocknen aus-legten. Köpenick war vor hundert Jahren die »Waschküche Berlins«.

Drei Häuser weiter bereichern seit April 2001 auch das **Restau-rantschiff Ars Vivendi** und das **Varietétheater Freiheit 15** das An-gebot der Altstadt. Auf dem Grundstück Freiheit 15 gibt es neben Flussidylle, Essen und Trinken auch regelmäßig Kulturveranstaltun-gen wie Kabarett und Konzerte.

Der Name der Straße Freiheit geht zurück auf die 1705 hier erfolgte Ansiedlung von Hugenotten. Frei waren die französischen Glaubens- flüchtlinge von Steuern und Einquartierung der Soldaten. Derart be- handelte man damals Asylanten, und es scheint Preußen bekommen zu sein. Denn neben den Juden galten die Hugenotten als die besten Preußen, weil sie sich für den Staat, der so gut zu ihnen war, besonders einsetzten. Das Pfarrhaus der reformierten (Hugenotten-)Gemeinde, trägt die Hausnummer 14; seitlich befindet sich eine Gedenktafel für das Pfarrehepaar Ratsch, das zur nationalsozialistischen Zeit Verfolg- ten Zuflucht bot. Gegenüber erinnert eine Tafel an die 1938 zerstörte Synagoge und die jüdische Gemeinde Köpenicks. Richtung Rathaus steht die 1841 neu errichtete Stadtkirche St. Laurentius. Baumeister Butzke orientierte sich stark an den Berliner Vorstadtkirchen Schinkels.

Vom Rathaus Richtung Dahme hinunter führt der Luisenhain. Von hier befördern Fahrgastschiffe die Ausflügler – etwa über die Müggel- spree flussaufwärts – weiter ins Grüne. Der Müggelsee lässt sich jedoch auch mit der S-Bahn erreichen: Jenseits der Dammvorstadt erreicht man ab Bahnhof Köpenick den S-Bahnhof Friedrichshagen, von wo die Straßenbahnlinie 61 in Richtung des ehemaligen Fischerdorfes Rahnsdorf und zum dortigen Strandbad fährt. Ab Rahnsdorf führt ein schöner Uferweg zurück nach Friedrichshagen.

Tourismusverein Berlin Köpenick-Treptow e.V.
Alt-Köpenick 34
12555 Berlin
Tel. 030/655 75 50
Fax: 030/651 45 98
E-Mail: touristinfo.berlin-koepenick@t-online.de
Internet: www.berlin-suedost.de

Café Krokodil im Flussbad Gartenstraße
Gartenstraße 46–48
12557 Berlin
Tel. 030/65 88 00 94
Internet: www.der-coepenicker.de
Mo–Fr ab 16 Uhr (im Winter 18 Uhr),
Sa ab 16 Uhr, So ab 11 Uhr

Restaurant Lehmofen
Freiheit 12
12555 Berlin-Köpenick
Tel. 030/655 70 44

Freiheit 15
Restaurant, Cocktailbar, Varieté, Kleinkunstbühne
Restaurantschiff Ars Vivendi
Freiheit 15
12555 Berlin
Tel. 030/65 88 78-25
Fax: 030/65 88 78-10
E-Mail: sekretariat@freiheit15.de
Internet: www.freiheit15.de

Müggelsee

Am Ausgang der Spree aus dem größten Berliner See, dem Müggelsee, liegt die 1753 unter Friedrich II. entstandene Kolonistensiedlung **Friedrichshagen**. 105 solcher Dörfer entstanden im Zuge der Binnenkolonisation in der Mark. Als das Dorf der bitterarmen Spinner, darunter viele Böhmen, nach dem Bahnanschluss von 1842 langsam zur Sommerfrische der Städter wurde, lebte hier auch Wilhelm Bölsche. Er war einer der Begründer des um 1890 entstandenen Friedrichshagener Dichterkreises, der auch Gerhart Hauptmann beeinflusste. Es ging dem Kreis aus Naturalisten unter anderem um die Einbeziehung naturwissenschaftlicher Erkenntnisse und sozialer Fragen in die Literatur.

Über all dies kann man in den netten Restaurants rund um die und an der Bölschestraße diskutieren, zum Beispiel in der Nummer 10 im **Kiboko** mit etwa 25 Gartenplätzen. Kiboko steht in Suaheli für Flusspferdchen, das die Speisekarte allerdings nicht bietet – dafür kann man andere teils exotische Entdeckungen machen. Am Ende der Straße zur Spree hin wird eines der besten Berliner Biere, das Bürgerbräu, gebraut. Empfehlenswert ist nicht nur der Einrichtung wegen die **Gaststätte Bräustübl**, Müggelseedamm 164–166, wo es gutes Essen und zuweilen Konzerte gibt.

Am Müggelseedamm, damals Wilhelmstraße, wohnte auch besagter Wilhelm Bölsche, im Haus Nummer 254. Noch in derselben Straße, Nummer 307, erfährt man in einem liebevoll sanierten Backsteinensemble im **Museum im Wasserwerk** Spannendes über das 1893 eröffnete Werk, das kostbare Nass und seinen Weg in unseren Hahn.

Wasser reichlich bietet der See, zu dem man durch eine Grünanlage an der Josef-Nawrocki-Straße gelangt. Unweit der Schiffsanlegestelle liegt der große Biergarten der **Gaststätte Schrörs am Müggelsee**. Das feste Gebäude ist eine Art Fertigblockhaus. Von hier, der Nordwestecke des Sees, kann man durch einen 1927 eröffneten, 120 Meter langen Fußgängertunnel die andere Spreeseite mit Müggelschlösschenweg und zwei Badestellen erreichen und den See umwandern. Weniger anstrengend ist eine Schiffsfahrt, etwa nach Grünau oder zum Dämeritzsee in Richtung Erkner oder Woltersdorf.

An der Nordostecke des Sees liegt seit 1912 das **Strandbad** Müggelsee in Rahnsdorf, dessen Einrichtung wir dem sozial engagierten Friedrichshagener Arzt Jacoby verdanken. Er meinte, dass Freibaden der Gesundheit förderlich sei. Diese Einsicht war Anfang des zwanzigsten Jahrhunderts noch heiß umstritten. Erst 1907 hob der Polizeipräsident das Freibadeverbot auf. Das Müggelseewasser unterscheidet sich vom Wannseewasser dadurch, dass es zuvor nicht durch die Großstadt Berlin geflossen ist. Andererseits ist auf Grund der Flachheit des Sees und der damit verbundenen raschen Erwärmung des Wassers das Algenwachstum recht stark. Und wie an vielen Seen in Brandenburg findet man so genannte Kienäppel, also Kieferzapfen, im Einstiegsbereich – weshalb manche Zartfüßler mit Latschen bewehrt den weiten Weg bis zur Schwimmtiefe zurücklegen und mit Sandalen baden.

Das Fischerdorf **Rahnsdorf** gleich nebenan entstand auf einer Talsandinsel am Zufluss der Spree in den See. Auf der Spitze des Hügels steht die Rahnsdorfer Dorfkirche, die 1887 nach Plänen Friedrich Adlers den mittelalterlichen Vorgängerbau ersetzte.

Flussaufwärts des Dorfes gelegen, verbreitet die 1926 in Grundstücke aufgeteilte Kolonie **Neu-Venedig** mit fünf kleinen Kanälen und 14 Brücken Urlaubsstimmung. Auf der südlichen Flussseite bedecken das Auental zwischen Müggel-, Seddin- und Dämeritzsee die

Spreewiesen, auf denen sich mangels Pflege Erlen-Bruchwald ausbreitet. Eine Fähre bringt Ausflügler von Rahnsdorf zur **Gaststätte Neu-Helgoland**. Diese befindet sich nicht auf roten Felsen, sondern in einem hundertjährigen Fachwerkhaus gleich am Spreeufer – und ist seit hundert Jahren im Familienbesitz.

Wenige Fußminuten entfernt erreicht man das **Café und Restaurant L&B** in einem ehemaligen Bootshaus ebenfalls am Wasser. Dies Wasser ist der Kleine Müggelsee, den man sich sogleich erschwimmen kann, denn die **Badestelle** ist in Sichtweite.

Auf der Spitze zwischen Großem und Kleinem Müggelsee liegt, strategisch geschickt platziert, das **Hotel Waldrestaurant Müggelhort** samt Biergarten und Anlegestelle der Ausflugsschiffe sowie der Fähre nach Rahnsdorf. Von hier führen Wanderwege zum Tunnel nach Friedrichshagen (unter der Müggelspree), am Südufer des Müggelsees entlang, zum Müggelturm auf den Müggelbergen oder nach Müggelheim. Spätestens jetzt taucht die Frage auf, was Müggel eigentlich bedeutet. Gleich den Namen von Spree und Havel von den vor der Völkerwanderung und den Slawen hier siedelnden germanischen Stämmen geprägt, geht mygla gleich Müggel wahrscheinlich auf die indogermanische Wortwurzel für Nebel zurück. Aufgrund der Größe und Flachheit des Sees werden starke Temperaturschwankungen hier besonders schnell und sichtbar ausgeglichen.

Unweit des Kleinen Müggelsees beginnt die Bebauung von **Müggelheim**. Von Neu-Helgoland führt die Odernheimer Straße zum Dorfkern. 1747, zur Zeit Friedrich II., legten zwanzig pfälzische Kolonistenfamilien aus Odernheim bei Bad Kreuznach ein Angerdorf samt Kapelle an. Die reformierten Zuwanderer blieben lange unter sich: 1910 lebten in Müggelheim lediglich 179 Menschen; bei der Bildung Groß-Berlins 1920 war es die kleinste der eingemeindeten Kommunen. Spätestens seit Müggelheim 1924 durch eine Buslinie an den öffentlichen Nahverkehr angeschlossen wurde, hat es sich herumgesprochen, in welch reizvoller Umgebung man hier innerhalb der Berliner Stadtgrenzen leben kann. Der alte Dorfkern liegt dicht an der Großen Krampe, dem fast drei Kilometer langen Rest einer früheren Wasserverbindung zwischen Dahme und Müggelspree.

Westlich von Müggelheim befinden sich die höchsten Berliner Berge, die 115 Meter hohen Müggelberge – der zwar gleich hohe Teufelsberg in Charlottenburg ist keine natürliche Erhebung. Auch die Umgebung besteht aus – wenn auch vom Menschen überformter – Natur. Von Menschen stammt auch der **Müggelturm** auf den Bergen. Den 1958 abgebrannten Originalbau des Turmes stiftete Wilhelm Spindler, der in Spindlersfeld, gegenüber der Altstadt Köpenick, eine große Wäscherei betrieb. Mit Hilfe von Spenden konnte drei Jahre nach dem Brand ein 2 962 Zentimeter hoher Neubau eröffnet werden. Nun dauert es schon wesentlich länger, dass Politik, Behörden und Betreiber um eine Einigung ringen, wie die Bauten ergänzt und saniert werden können. Jedenfalls sollen trotz eventuell anstehender Bauarbeiten Turm und Kiosk geöffnet bleiben.

Vom Turm hat man verschiedene Blicke. Zum einen kann man noch höher hinauf schauen: Über den Köpfen der Erholungssuchenden verkehren stetig Flugzeuge, die den Flughafen Schönefeld benutzen, oft um andere Erholungssuchende an weiter entfernte Ziele zu transportieren. Viele Müggelsee-Freunde bedauern es, dass Schönefeld zum internationalen Großflughafen ausgebaut werden soll.

Zum zweiten kann man hinunter auf den Müggelsee schauen. Dort liegt am Ufer die Gaststätte Rübezahl, heute **Müggelseeterrassen Rübezahl**. Den Namen verdankt das Haus dem Äußeren des ersten Besitzers. Im September 2000 wurde die Traditionsgaststätte nach komplettem Umbau, jetzt direkt am Wasser gelegen, samt Biergarten für 2 500 Personen neu eröffnet. Die frühere Müggelseeperle, nicht weit entfernt, ist heute Teil des **Dorint-Hotels**, dessen Seerestaurant samt Terrasse auch heute den Wandernden zur Stärkung dienen kann. Beide Häuser verfügen über Anlegestellen der Fahrgastschifffahrt.

Schließlich lohnt vom Müggelturm auch der Blick Richtung Westen, zum drittgrößten Berliner See, zum Westufer des Langen Sees. Dort liegt Grünau, durch eine Fähre ab Müggelbergallee mit dem Ostufer verbunden. Das Ostufer erreicht man von dem Turm durch den Stadtforst. Im **Langen See** befindet sich die Regattastrecke, die seit 1880 – so auch zur Olympiade 1936 – genutzt wird. Am Grünauer Ufer liegen die Tribünenbauten und Ruderklubs. In der Grünauer Regattastraße 158 geht im Jugenstil-Café Liebig nach 130 Jahren der Betrieb hoffentlich weiter, gleiches gilt für das **Wassersportmuseum** in der Nummer 141. Hier wird seit 1990 über die Wassersportgeschichte Berlins zwischen 1876 und 1945 informiert – und spätestens nach der Erkundung Köpenicks ist deutlich, wie wichtig dieses Thema im Südosten Berlins war und ist. Wassersport wird auch im nahen **Strandbad** Grünau betrieben.

Grünau wurde als »Grüne Aue« 1747 – gleich Müggelheim und Friedrichshagen zur Zeit Friedrich II. – als Kolonie gegründet und verfügt seit 1928 über S-Bahn-Anschluss. Per Straßenbahn oder zu Fuß am Langen See, eine Verbreiterung der Dahme, entlang, erreicht man flussaufwärts hinter Karolinenhof das idyllische **Schmöckwitz**, als Rundlingsdorf im 13. Jahrhundert angelegt. Die mittlerweile dritte Kirche des Dorfes ist zweihundert Jahre alt und wurde 1911 umgebaut. Mit der Halbinsel Schmöckwitzer Werder reicht Berlin fast vier Kilometer tief in das Brandenburgische hinein.

An der Südspitze liegen als südlichste Berliner Häuser jene von Rauchfangswerder – niemand wohnt in Berlin dichter am Äquator. Diese Südlage ist lange schon beliebt: Auf dem Schmöckwitzer Werder fand man drei mittelsteinzeitliche Gräber, die also um die 7 000 Jahre alt sind und zu den ältesten nachweisbaren Bestattungsorten in ganz Ostdeutschland gehören. Von Schmöckwitz aus führt die längste Berliner Straße, das über zwölf Kilometer lange Adlergestell (Gestell meint einen durch Aushauen des Holzes hergestellten Weg, eine Schneise) wieder Richtung Innenstadt.

Museum im Wasserwerk Friedrichshagen
Müggelseedamm 307
12587 Berlin
Tel. 030 / 86 44 76-95 ,-52
Fax: 030 / 86 44 77 46
E-mail: museum@bwb.de
Internet: www.bwb.de
März–Okt.: Mi–Fr 10–16 Uhr, Sa, So, Feiertag 10–17 Uhr;
Nov.–Feb.: Mi–Fr 10–15 Uhr, Sa, So, Feiertags 10–16 Uhr

Grünauer Wassersportmuseum

Stiftung Stadtmuseum Berlin
Regattastraße 141 und 191
12527 Berlin
Tel. 030 / 674 46 87
Sa 14–16.30 Uhr

Kiboko

Bölschestraße 10
12587 Berlin
Tel. 030 / 64 19 73 24
Mo geschlossen

Gaststätte Bräustübl

Müggelseedamm 164–166
12587 Berlin
Tel. 030 / 645 57 16
Fax: 030 / 645 16 58
E-Mail: bestellung@braeustuebl.de
Internet: www.braeustuebl.de

Gaststätte Schrörs am Müggelsee

Josef-Nawrocki-Straße 16
12587 Berlin
Tel. 030 / 64 09 58 80
Fax: 030 / 81 47 63 53
Im Winter Mo geschlossen

Gaststätte Neu-Helgoland

Odernheimer Straße
12559 Berlin
Tel. 030 / 659 82 47
Fax: 030 / 659 85 88

L & B
Café und Restaurant
Am Kleinen Müggelsee 1
12559 Berlin
Tel. 030 ⁄ 659 82 24
Fax: 030 ⁄ 65 94 25 05
Im Winter nur Sa und So

Müggelseeterrassen Rübezahl
Am Großen Müggelsee
12559 Berlin
Tel. 030 ⁄ 658 82-472
Fax: 030 ⁄ 658 82-384
E-Mail: mueggelsee.terrassen@berlin.de

Dorint am Müggelsee
Restaurant und Hotel
Am Großen Müggelsee
12559 Berlin
Tel. 030 ⁄ 658 82-0
Fax: 030 ⁄ 658 82-263
E-Mail: hotel@dorint-berlin.de
Internet: www.dorint-berlin.de

Waldrestaurant Müggelhort
Müggelhort 1
12559 Berlin
Tel. 030 ⁄ 65 92 59-0
Fax: 030 ⁄ 65 92 59-59
Internet: www.mueggelhort.de

Mit den Öffentlichen ⁄ dem Rad unterwegs

ÖPNV
– S3 bis Köpenick oder Friedrichshagen
– S46, S6, S8 bis Grünau

– Straßenbahn 62, 63, 68 ab S-Bhf. Köpenick bis Schloßplatz Köpenick
– Straßenbahn 60 ab S-Bhf. Friedrichshagen bis Müggelseedamm/Bölschestraße, Josef-Nawrocki-Straße (Schiffe) und Wasserwerk Friedrichshagen
– Straßenbahn 61 ab S-Bhf. Friedrichshagen bis Strandbad Müggelsee und Rahnsdorf, Waldschänke
– Straßenbahn 68 ab S-Bhf. Grünau oder S-Bhf. Köpenick bis Regattatribünen, Strandbad Grünau und Alt-Schmöckwitz
– Bus 161 ab S-Bhf. Rahnsdorf bis Grünheider Weg (Dorfkern Rahnsdorf) oder Lagunenweg (Neu-Venedig)
– Bus 168 ab Alt-Schmöckwitz bis Rauchfangswerder
– Bus 169 ab S-Bhf. Köpenick bis Chausseestraße (Straße zum Müggelturm), Rübezahl und Müggelheim (teils bis Oderheimer Straße Nähe Neu Helgoland)

Schiffsverbindungen
Ab Köpenick, Luisenhain und Friedrichshagen fahren Schiffe bis: Rübezahl, Grünau, Erkner, Löcknitz/Alt-Buchhorst, Woltersdorf, Rüdersdorf, Treptow/Berlin-Innenstadt. Köpenick, Luisenhain und Friedrichshagen sind wechselseitig auch mit dem Schiff zu erreichen; Fähren verkehren zwischen:
– F12 Grünau, Wassersportallee (Straßenbahn 68) – Wendenschloss, Müggelbergallee (Straßenbahn 62)
– F21 Schmöckwitz – Große Krampe
– F23 zwischen Rahnsdorf, Müggelwerderweg über Müggelhort und Neu Helgoland bis Rahnsdorf, Kruggasse (Dorfkern)
– F24 Rahnsdorf, Kruggasse – Spreewiesen

Fahrradtouren
– Ab S-Bhf. Grünau über Wassersportallee, mit der F12 übersetzen, weiter am Ufer Langer See und Große Krampe bis Müggelheim, mit der Fähre von Spreewiesen/Rahnsdorf zum S-Bhf. Rahnsdorf
– Ab S-Bhf. Spindlersfeld über Lange Brücke (Schloss Köpenick), Kietz, Garten- und Charlottenstraße, Müggelschlösschenweg, weiter am Seeufer bis zur Fähre nach Rahnsdorf

- Ab S-Bhf. Hirschgarten über Bellevue- und Salvador-Allende-Straße immer an den Ufern von Müggelspree und Müggelsee entlang unter Benutzung der Fähre in Rahnsdorf, weiter bis Wasserwerk Friedrichshagen, Bölschestraße und zum S-Bhf. Friedrichshagen

Zu Fuß und im Wasser

Wandern
- Ab Friedrichshagen, Spreetunnel am Müggelsee entlang bis Rahnsdorf, Nord- oder Südufer (Fähre)
- Ab S-Bhf. Grünau, mit der Fähre F12 nach Wendenschloss, am Langen See entlang und links über die Müggelberge am Teufelssee vorbei Richtung Rübezahl, am Müggelseeufer entlang bis Spreetunnel Friedrichshagen.
- Ab S-Bhf. Wilhelmshagen über Schönblicker Straße, Rialtoring, Im Haselwinkel, Triglawstraße, Spreewiesen, Schönhorst bis Straße 35, mit der F24 nach Rahnsdorf, weiter Dorfstraße, Ukeleipfad, Grünheider, Saarower Weg, Hochlandstraße zurück bis S-Bhf. Wilhelmshagen

Baden
- Flußbad Gartenstraße (Ostufer Dahme)
- Badestellen Müggelschlösschenweg/Spreetunnel Friedrichshagen
- Strandbad Müggelsee, Nordostecke
- Badestelle Kleiner Müggelsee, Südostufer (Nähe Neu Helgoland)
- Strandbad Grünau, Südufer Langer See

13 Von Potsdam zum Zernsee

Das Ausflugsgebiet

Potsdam ist nicht nur Landeshauptstadt und Großstadt mit 130 000 Einwohnern, Potsdam ist auch eine Komposition aus Parkanlagen, Wasser, sanften Hügeln und Schlössern. Wer die Erholung sucht, lässt den Stadtkern links liegen und bewegt sich durch die grüne Kulturlandschaft vom Griebnitzsee bis zum Zernsee. Dabei entdeckt man Berühmtes wie den Park Sanssouci, aber auch weniger bekannte Schlösser wie Stern und Charlottenhof, das Gelände der Bundesgartenschau oder eine Seerose, in der man den Durst löschen kann.

Potsdam-Information
Informationen zu Sehenswürdigkeiten und
Veranstaltungen, Stadtführungen
Friedrich-Ebert-Straße 5
14467 Potsdam
Tel. 03 31 / 275 58-0, -77
Fax: 03 31 / 275 58-89
E-Mail: information@potsdam.de
Internet: www.potsdam.de

Babelsberg (Potsdam)

Von Berlin kommend, ist Griebnitzsee der erste S-Bahnhof auf Potsdamer Stadtgebiet. Von hier braucht man nur die Straße zu überqueren, um von der Terrasse vor dem **Hotel und Restaurant Griebnitzsee** den Blick auf Wasser und (Berliner) Wald am anderen Ufer zu genießen. Das Restaurant des auf Tagungen spezialisierten Hotels bietet eher gehobene Küche, doch auch Kaffee und Kuchen sind im Angebot. Für den weiteren Ausflug gibt es nun mehrere Möglichkeiten: z. B. den Schiffsanleger unterhalb des Hotels. Im Sommer halten hier – sofern sie ein Handzeichen vom Steg erhalten – stündlich die Dampfer zur Sieben-Seen-Rundfahrt, vorbei an Sacrow, der Pfaueninsel und durch den Wannsee.

Schön, bei gutem Wetter wegen der vielen Radfahrer allerdings nicht immer geruhsam, ist auch ein Spaziergang am Ufer des Sees entlang zum Schlosspark Babelsberg. Mehr von der Villenkolonie **Neu-Babelsberg** sieht, wer den Uferweg zwischendurch verlässt und die umliegenden Straßen erforscht. Hier haben zahlreiche UFA-Stars der nahen Studios gelebt, und unweit residierten auch Truman, Churchill, sein Nachfolger Attlee und Stalin zur Zeit der Potsdamer Konferenz. Wer genau wissen will, wer wo wohnte, radelt mit dem **Verein »potsdam per pedales«** am Sonntag ab S-Bahnhof Griebnitzsee durch Babelsberg. Der Verein unterhält einen Radverleih im S-Bahnhof Griebnitzsee und bietet entsprechende Führungen an.

Vom Uferweg führt kurz vor dem Schlosspark Babelsberg rechts die Parkbrücke nach **Klein Glienicke**. In diesen zu Mauerzeiten völlig eingemauerten Potsdamer Stadtteil ist wieder Leben eingekehrt – vor allem im Sommer, wenn sich viele Ausflügler im Garten der **Gaststätte Bürgershof** direkt am Ufer der Glienicker Lake entspannen. Wer auf den Holzbänken sitzt, muss sich seine Getränke selbst holen – an den Plastiktischen wird man bedient. Im Dorf sind die Kirche von 1880 und die so genannten Schweizerhäuser sehenswert. Letztere wurden errichtet für Bedienstete des Prinzen Karl, der das Jagdschloss Glienicke nebenan (heute schon Berlin, siehe S. 200) ausbauen ließ.

Gegenüber, wieder auf der anderen Seite der Brücke, ruft der **Schlosspark Babelsberg** die Wanderfreudigen – zunächst mit dem Maschinenhaus im normannischen Burgenstil am Ufer. Neben dem **Schloss Babelsberg** mit grandioser Aussicht auf die Glienicker Brücke, die als »Brücke der Spione« bekannt geworden ist, stehen im Park weitere Bauwerke zur Entdeckung bereit. Sie entstanden nach 1833, als der damalige Prinz von Preußen, der spätere Kaiser Wilhelm I., sich mit seiner Frau Augusta hier ein Domizil bauen ließ.

Den ersten Entwurf besorgte Schinkel, die Anbauten entstanden unter Strack und Persius. Den Park gestaltete nicht Lenné, sondern Fürst Pückler-Muskau, der Lennésche Pläne zugrunde legte, sich jedoch besser mit den Auftraggebern arrangierte.

Am Ufer des Tiefen Sees steht das so genannte **Kleine Schloss**. Zuletzt wurde das ursprüngliche Gärtnerhaus 1842 von Persius im von Prinzessin Augusta gewünschten Tudorstil umgebaut. Friedrich, der Sohn des Prinzenpaares, lebte hier, und später bewohnten die Hofdamen Augustas das Haus. Heute bietet das **Restaurant Kleines Schloss** etwa zwei Dutzend Außenplätze, aus Denkmalschutzgründen begrenzt, was den Aufenthalt – so man einen Platz bekommt – eher erholsamer macht.

Weiter am Ufer entlang trifft man auf das Matrosenhaus, dessen Giebel vom Stendaler Rathaus inspiriert ist. Nun hat man die Wahl zwischen dem **Strandbad Babelsberg** am Ufer voraus und dem Besteigen des Hügels, auf dem an Stelle einer abgebrannten Mühle der **Flatowturm** entstand. Der Name des Turmes ist ein – bei den Bauten der Hohenzollern seltener – Hinweis auf die Finanzierungsquelle. Wilhelm verwendete die Einnahmen seines westpreußischen Gutes Flatow für den Bau. Den Turm im als Reservoir dienenden Wasserbecken entwarf Johann Heinrich Strack in Anlehnung an den mittelalterlichen Eschenheimer Torturm in Frankfurt am Main. 1856 konnte Wilhelm im dritten Obergeschoss sein Arbeitszimmer beziehen. Vom Aussichtsumgang hat man aus fast 40 Meter Höhe einen wohltuend weiten Blick über die grüne Landschaft mit Wasser und sanften Hügelzügen. Im Park findet der Suchende wieder ein Stück Richtung Babelsberg die mittelalterliche **Berliner Gerichtslaube** aus dem 13. Jahrhundert. Sie gehörte zum alten Rathaus, das die Berliner zwecks Neubau 1860 abrissen. Das hierher versetzte Original steht als Kopie aus den 1980er Jahren im Berliner Nikolaiviertel.

Im Ort **Babelsberg**, nicht weit vom Park entfernt und in Richtung des gleichnamigen S-Bahnhofs unmittelbar an Neu-Babelsberg angrenzend, sind die beschaulichen Straßen und Plätze der ursprünglich Nowawes genannten Siedlung einen Besuch wert. Hier spürt man etwas von der bitteren Armut der böhmischen Weber, die Friedrich II. ansiedeln ließ – obwohl viele der Weberhäuschen mittlerweile dekorativ renoviert worden sind.

Südöstlich, gut zu erreichen auch von den Bahnhöfen Griebnitzsee und Medienstadt Babelsberg, ist es nicht weit zum **Filmpark Babelsberg**. Auf dem früheren Studiogelände, das vor dem Krieg neben Hollywood das weltgrößte war, lockt die **Studiotour** Neugierige an. Geboten werden ein U-Boot mit dramatisch simuliertem Tauchgang, Filmkulissen, eine Fundus-Führung, das Sandmännchenstudio oder eine Stuntshow namens »Dschungelabenteuer im Vulkan«. Zu besichtigen ist das Studiogelände ausschließlich im Rahmen von Führungen. Außerdem gibt es regelmäßige Autogrammstunden mit Mitwirkenden der hier produzierten Fernsehserie »Gute Zeiten, schlechte Zeiten«. Bei einer Rundfahrt durch die Medienstadt sieht man auch die Gebäude des Ostdeutschen Rundfunks Brandenburg (ORB).

Im Jahre 1912 nahm die Deutsche Bioscop Gesellschaft in Babelsberg die ersten Dreharbeiten mit Asta Nielsen auf. Regisseure wie Friedrich Wilhelm Murnau, Fritz Lang, Ernst Lubitsch oder Josef von Sternberg, Schauspieler wie Heinz Rühmann oder Heinrich George und Schauspielerinnen wie Greta Garbo, Marlene Dietrich oder Lilian Harvey schufen hier zwischen 1912 und 1945 1300 Filme, vor allem nach der Fusion der Bioscop mit der UFA 1921. Die DEFA begann noch vor der Lizenzerteilung im April 1946 mit Wolfgang Staudtes »Die Mörder sind unter uns« – einer intelligenten, unterhaltsamen Abrechnung mit den Tätern, denen auch der Einbruch der deutschen Filmindustrie zu verdanken ist. Die junge Hildegard Knef spielte in dem Streifen mit. »Die Geschichte vom Kleinen Muck« 1953 oder der Oscar-nominierte »Jacob der Lügner« sind nur zwei der 700 DEFA-Filme, die hier zu DDR-Zeiten entstanden. 1992 begann der französische Konzern Vivendi, das Areal zu entwickeln.

Der Eingang für die Besucher des Geländes liegt an der Großbeerenstraße. Östlich der Bahn, kurz vor der Autobahn, geht von der Großbeerenstraße die Jagdhausstraße ab. An deren Ende steht eines der interessantesten Schlösser Potsdams, das **Jagdschloss Stern**. Als Schloss ist der 1730 entstandene eingeschossige Bau eigentlich kaum zu bezeichnen, es war mehr ein festes Jagdhaus für Jagden in der Parforceheide ringsum. Und gerade deshalb sagt der einzige Schlossneubau des Soldatenkönigs Friedrich Wilhelm I. viel über den calvinistisch-spartanischen Geist des Begründers der preußischen

Legende aus. Von innen kann man das Haus mit dem holländischen Giebel nicht besichtigen; es enthält einen großen Saal mit geschnitzten Hirschköpfen und Jagddarstellungen, ansonsten Küche – der König beliebte die Jagdgesellschaften durchaus selbst zu bekochen – sowie Schlaf- und Adjudantenraum. Die beiden Wirtschaftsgebäude, eingeschossige Fachwerkbauten, von denen das südliche das Kastellanshaus war, sind so alt wie das Schloss selbst.

Doch wohin wendet sich der durstige Ausflügler nun? Wer noch nie in einer Plattenbau-Eckkneipe zu Gast war, kann dies jetzt nachholen. Fast in Sichtweite des Jagdschlosses Stern sitzt man vor dem **Sternstübl** zu Füßen eines 16-Geschossers der Großsiedlung Am Stern – ihr Name geht zurück auf den ab 1724 angelegten Wegestern, auf dem das Jagdhaus entstand. Das Punkthochhaus im Rücken, diesen bemerkenswerten Kontrast zum Kleinen Schloss, kann man glatt vergessen, da die Stühle vor dem Haus regelrecht im Wald stehen.

Im Park Babelsberg:
Schloss Babelsberg
Tel. 03 31 / 96 94-250
Flatowturm
Tel. 03 31 / 96 94-249
Apr.–Okt.: 10–17 Uhr
Mo geschlossen
(Stiftung PSG, Zentrale: Tel. 03 31 / 96 94-200)

Filmpark Babelsberg
August-Bebel-Straße 26–53;
Besuchereingang: Großbeerenstraße
14482 Potsdam
Tel.   018 05 / 34 66 66, 34 56 72 (Hotline)
Fax: 018 05 / 34 56 77
E-Mail: info@filmpark.de
Internet: www.filmpark.de
Studiotour: Mitte März–Anfang Nov.: 10–18 Uhr,
Juli–Aug.: 10–20 Uhr

Kultur

Jagdschloss Stern
Jagdhausstraße
Tel. 03 31/96 94-250
(Stiftung PSG, Zentrale: Tel. 03 31/96 94-200)

Gastronomie

Griebnitzsee
Restaurant und Hotel
Rudolf-Breitscheid-Straße 190–192
14482 Potsdam-Babelsberg
Tel. 03 31/709-10
Fax: 03 31/709-11
E-Mail: griebnitzsee@seminaris.de
Internet: www.seminaris.de

Bürgershof
Restaurant und Biergarten
Waldstraße 4
14482 Potsdam
Tel./Fax: 03 31/748 03 02
im Winter Fr geschlossen

Restaurant Kleines Schloss
im Park Babelsberg
14482 Potsdam
Tel./Fax: 03 31/70 51 56
Mo geschlossen

Freizeit

potsdam per pedales e.V.
Fahrradverleih und geführte Radtouren
im S-Bhf. Griebnitzsee
14482 Potsdam-Babelsberg
Tel./Fax: 03 31/748 00 57
Internet: www.potsdam-per-pedales.de
Mai–Okt.: Radtouren Sa und So, 14 Uhr

Freizeit

Bootsverleih
Strandbad Babelsberg
Tel. 03 31 / 70 75 52

Neuer Garten und Berliner Vorstadt (Potsdam)

Ein weiterer sehenswerter Park Potsdams befindet sich westlich der Havel, unweit der Glienicker Brücke am Ufer des Jungfernsees. Nähert man sich dem Neuen Garten von der viel befahrenen Berliner Straße, passiert man den seit 2000 rekonstruierten Torbogen zur kaiserlichen Matrosenstation **Kongsnaes**, die bis 1894 unter dem Architekten Holm Hansen Muntes entstand. Der Gebäudekomplex in romantisch-norwegischem Drachenstil umfasste unter anderem ein Bootshaus mit Werkstatt und ein Matrosenhaus. Ein Förderverein will weitere Teile dieses Beitrags zur multikulturell geprägten Potsdamer Landschaft wieder auferstehen lassen. Kongsnaes steht für Wilhelm II. Schwärmerei für Norwegen und Maritimes.

Dem Ufer der hier zum Jungfernsee erweiterten Havel folgend, betritt man den **Neuen Garten**. Gleich links liegt nun der kleinere Heilige See, der von dieser Seite im Sommer nur über unzählige Badende hinweg zu betrachten ist. Außerhalb der Badesaison geht es gemächlicher zu. Umstritten zwar, doch als Ausgleich für die Städter sehr wohltuend: Ein Teil der Wiesen ist nicht nur dem Anschauen vorbehalten, »Lagern« – wie es auf einem Schild heißt – ist erlaubt, und auch Ballspiele u. Ä. sind möglich. Am stärker gestalteten Westufer des Sees ist das reizvoll gelegene **Marmorpalais** zu sehen.

Doch bevor man sich dorthin auf den Weg macht, steht man nördlich des Heiligen Sees vor dem letzten deutschen Schlossbau, dem **Schloss Cecilienhof** im etwas überdimensioniertem englischen Landhausstil. Es entstand während des Ersten Weltkrieges für den Kronprinzen Wilhelm und Gattin Cecilie. Hier tagte 1945 die Potsdamer Konferenz. Informationen dazu gibt eine Besichtigung der Gedenkstätte Schloss Cecilienhof. Im **Schlosshotel Cecilienhof** lädt ein sich nobel gebendes Restaurant in die Salons und auf die Hofterrasse ein. In einem weiteren Innenhof mit Biergarten geht es legerer und preiswerter zu.

Ebenfalls in der Berliner Vorstadt, doch jenseits der Berliner Straße, am Tiefen See, kann man direkt am Havelwasser in leicht alternativem Ambiente seinen Durst löschen: Seit es im **Waschhaus** 1992 erste Konzerte gab, ist das größte Potsdamer Kulturzentrum mit jährlich über 100 000 Besuchern zu einem beliebten Veranstaltungsort geworden. Wo früher der Soldaten dreckige Wäsche gesäubert wurde, gibt es nun – anlässlich der zahlreichen Filmvorführungen, Lesungen, Kurse, Parties, Theateraufführungen und Ausstellungen in und vor den alten Gewerbebauten – einen Biergarten.

Im Neuen Garten:
Marmorpalais
Tel. 03 31 / 96 94-246
Apr.–Okt.: 10–17 Uhr; Nov.–März: Sa, So 10–16 Uhr
Mo geschlossen
Schloss Cecilienhof
Tel. 03 31 / 96 94-244
Apr.–Okt.: 9–17 Uhr; Nov.–März: 9–16 Uhr
Mo geschlossen
(Stiftung PSG, Zentrale: Tel. 03 31 / 96 94-200)

Waschhaus e.V.
Biergarten und Konzerte, Theater, Lesungen,
Kino, Ausstellungen
Schiffbauergasse 1
14467 Potsdam
Tel. 03 31 / 27 15 60
Internet: www.waschhaus.de

relaxa Schlosshotel Cecilienhof
Restaurant, Biergarten und Hotel
Neuer Garten
14469 Potsdam
Tel. 03 31 / 370 50
Fax: 03 31 / 29 24 98
E-Mail: cecilienhof@t-online.de
Internet: www.castle-cecilienhof.com; www.relaxa-hotel.de

Kultur

Gastronomie

Vom Pfingstberg zum Park Sanssouci (Potsdam)

Von der westlich gelegenen Nedlitzer Straße oder nahtlos grün vom Neuen Garten aus geht es hinauf auf den **Pfingstberg**, auf dem nicht nur das **Belvedere** und Schinkels Erstlingswerk, der **Pomonatempel**, den Bergsteigenden belohnen, sondern auch weite Blicke unter hohen Bäumen hinweg Richtung Babelsberg. Einen freien Blick bietet der im April 2001 neu eröffnete Turm des nach 1847 entstandenen Belvedere. Dieses sollte ein Lustschloss werden, diente der Aussicht und barg das Wasserreservoir für den Neuen Garten. Nach 1950 überließ man das Gebäude dem Verfall, nicht zuletzt, weil man ab 1961 von hier in den Grenzbereich hätte sehen können. Schon vor der Wende setzten sich jedoch engagierte Potsdamer Bürger und Bürgerinnen für den Erhalt der Bauwerke auf dem Pfingstberg ein. Der Pomonatempel ist schon saniert, die Arbeiten am Belvedere werden trotz der Teilöffnung weitergeführt.

Wer vom Pfingstberg am Jüdischen Friedhof vorbei zum Kapellenberg hinabsteigt, ahnt beim Anblick der russischen Kapelle, dass die berühmte Kolonie **Alexandrowka** mit den Holzhäusern der russischen Armeesänger nicht weit sein kann. Zu erkunden ist sie bei einem Abstecher nach links, doch seit April 2001 reizt eine weitere Attraktion geradeaus weiter zu wandern. Das Gelände der **Bundesgartenschau** 2001 verbindet in einzigartiger Weise die romantischen und barocken Gartenarchitekturen des Pfingstberges und des Parkes Sanssouci, die sich ihrerseits in den Neuen Garten beziehungsweise den Lennéschen Rehgarten verlängern. Eine solche Bundesgartenschau wird es so schnell nicht wieder geben können, denn Potsdam ist die schlossparkreichste Stadt des Landes, und es war ein Zufall, dass gerade zwischen Kapellen- und Ruinenberg ein Grundstück nach der Verbindung rief. Das BUGA-Gelände birgt auch die Biosphären-Halle, ein bis acht Meter in den Boden eingegrabenes Gebäude mit Glasdach.

Richtung Süden schließt sich der **Ruinenberg** an das BUGA-Gelände an. Die künstlichen Ruinen umgeben das Wasserreservoir für die Fontänen des **Parkes Sanssouci**, dessen namensgebendes Schloss schon ins Blickfeld rückt. Vom Ruinenberg sieht man den Ehrenhof des Schlosses, in dem die Gäste empfangen wurden. Wesentlich privater war die berühmte Rokoko-Gartenseite oberhalb der

Weinbergterrassen. Unter der obersten wurden die Überreste Friedrich II., der hier ohne Sorge – sans souci – leben wollte, endlich seinem Wunsche entsprechend 1991 beigesetzt. Sein Nachfolger und Neffe Wilhelm II. hatte ihn in der Stammburg der Hohenzollern in Württemberg beisetzen lassen.

Die einstige Privatheit der Terrassen und der an sie anschließenden Gartenanlage hat sich in ihr Gegenteil gekehrt. Die Nachfahren der Steuerbürger, die die Schlösser der Hohenzollern finanzieren mussten, wollen jetzt in großer Zahl sehen, wo das Geld geblieben ist, und erfreuen sich an der märchenhaften Welt der Schlösser und Gärten, die den Alltag vergessen macht.

Schräg gegenüber der Zufahrt zum Ehrenhof hat nach längerer Nachwendedurststrecke 1999 gepflegte Schweizer Gastlichkeit Einzug gehalten. Das **Mövenpick Restaurant Zur Historischen Mühle** bietet ein Café mit Sommerterrasse, das Restaurant Palmenhaus und einen Biergarten. Die 1908 angelegte historische Gaststätte verfügt heute allein innen über 300 Plätze, die Außenplätze dazugerechnet finden über 1000 Menschen Platz. Lässt man das historische Schloss Sanssouci hinter sich, passiert man die **Historische Mühle**, die ganz historisch 1993 wieder aufgebaut wurde, und kann sich am Besucherzentrum gegenüber mit historischen Informationen versorgen. Man durchschreitet die historische Anlage des **Orangerieschlosses** Friedrich Wilhelm IV. und wandert weiter auf das nach der Wende dank Privatinitiative wiederhergerichtete Belvedere zu, das 1772 als letztes friderizianisches Bauwerk im Park entstand. Davor steht neben der beeindruckenden Sichtachse am Hang das **Drachenhaus**. Der von Gontard 1770 entworfene pagodenähnliche Bau diente einst dem Weinbauern des benachbarten königlichen Weinberges als Wohnung und heute den Spazierenden als Café.

Wer nun gestärkt abwärts steigt und sich im Park gerade südwärts hält, passiert die Hauptallee mit Blick auf das größte Schloss Potsdams, das **Neue Palais**, und kommt dann auf des Parkes Südseite zum **Park und Schloss Charlottenhof**.

Eines der elegantesten Gebäude Potsdams ist dieses in seinen Proportionen ausgewogene ehemalige Gutshaus der Charlotte von Gentzkow. Friedrich Wilhelm III. kaufte das Gutshaus 1825 für seinen Sohn, den späteren Friedrich Wilhelm IV. Sich gern als Architekt verstehend, ließ dieser das Haus nach eigenen Skizzen durch Karl Friedrich Schinkel und den ausführenden Ludwig Persius zu einem klassizistischen Sommerschloss umgestalten. Elf Zimmer sind zu besichtigen und jedes ist für sich ein Meisterwerk klassizistisch-klarer Raumgestaltung. Die Stiche und Gemälde an den Wänden zeugen von der Italiensehnsucht des Kronprinzen, die sich in zahlreichen Bauwerken seiner Zeit ausdrückte, so in der Orangerie und der Friedenskirche hier im Park Sanssouci, dem Belvedere auf dem Pfingstberg oder den Kirchen in Petzow und Caputh. Auch Schloss Charlottenhof hat italienische Vorbilder. Das hohe Sockelgeschoss wird östlich von einer aufgeschütteten Terrasse verdeckt, die wie ein Hausgarten wirkt. Sie wird abgeschlossen von einer Pergola und einer ursprünglich von einem Sonnenzelt überdachten Ruhebank. Der Charlottenhof umgebende Park wurde entworfen von Peter Joseph Lenné, dem Meister des englischen Landschaftsgartens. Dort, wo die Lennéstraße auf den Park zuläuft, spricht die Gestalt der Römischen Bäder, acht 1829–1840 nach Plänen von Schinkel und Persius errichtete Bauten im Stil italienischer Landhäuser, ebenfalls vom – vermeintlich – heiteren Süden.

Wer jetzt eine nahe gelegene Terrasse und eine Ruhebank sucht, verlässt den Park südlich des Schlosses Richtung Geschwister-Scholl-Straße. Die **Gaststätte Charlottenhof** wenige Schritte neben dem Parkzugang hat gänzlich andere ästhetische Reize zu bieten. Verblüffend ist beispielsweise, dass der 1950er-Jahre-Flachbau (Version Ost) innen 1980er-Jahre-Charme (Version West) mit Tiffany-Lampen, Spiegeln und Nussholz-Imitat verbreitet. Die meisten Gäste kommen allerdings, um draußen im lebhaften Biergarten zu sitzen.

Stiftung Preußische Schlösser und Gärten – Besucherzentrum
An der Historischen Mühle (Park Sanssouci)
Postfach 601462
14414 Potsdam
Tel. 03 31 / 96 94-200, -201, -202
Fax: 03 31 / 96 94-107
Internet: www.spg.de

Kultur

Im Park Sanssouci:
Schloss Sanssouci
Tel. 03 31/96 94-186
Neues Palais
Tel. 03 31/96 94-225
Bildergalerie
Tel. 03 31/96 94-181
Neue Kammern
Tel. 03 31/96 94-206
Historische Mühle
Tel. 03 31/96 94-284
Chinesisches Haus
Tel. 03 31/96 94-222
Orangerieschloss
Tel. 03 31/96 94-280
Belvedere
Tel. 03 31/96 94-282
Schloss Charlottenhof
Tel. 03 31/96 94-228
Römische Bäder
Tel. 03 31/96 94-224
Alle Einrichtungen im Park Sanssouci haben
Mo geschlossen; die genauen Öffnungszeiten sind
telefonisch zu erfragen.
(Stiftung PSG, Zentrale: Tel. 03 31/96 94-200)

Gastronomie

Zur Historischen Mühle
Café, Restaurant und Biergarten
Zur Historischen Mühle 2
14469 Potsdam
Tel. 03 31/281 49-3
Fax: 03 31/281 49-50
E-Mail: restaurant.potsdam-sanssouci@moevenpick.com
Internet: www.moevenpick.com

Drachenhaus
Café und Restaurant
Maulbeerallee
14469 Potsdam
Tel. 03 31 / 505 38-08
Fax: 03 31 / 505 38-09

Restaurant Charlottenhof am Park Sanssouci
Geschwister-Scholl-Straße 34
14471 Potsdam
Tel./Fax: 03 31 / 90 10 64
Internet: www.restaurant-charlottenhof.de
Mo geschlossen

Potsdam-West und Wildpark

Wer weiter und ans Wasser will, erreicht über Kastanienallee und Kantstraße die so genannten **Persius-Speicher** an der Zeppelinstraße. Zur Straße hin entwarf Ludwig Persius zwei Beamtenwohnhäuser, dahinter entstand bis 1846 auf einem H-förmigen Grundriss die **Dampfmahlmühle** der Königlich Preußischen Seehandlung. In den 1920er Jahren wurde ein Speicher, in den 1990er Jahren ein Hotelflügel angefügt. Zu diesem gehört das **Aqua Restaurant** im 1995 eröffneten art'otel. Vor dem lichten Anbau liegen die Außenplätze, das freie Grundstück öffnet sich zur Havel hin. Fischspezialitäten sind der Kern des Geschäfts.

In der Mitte des Grundstücks verfügt auch das **Restaurant Persius-Mühle** über eine Terrasse. Der Schafgraben, der das Areal östlich begrenzt, führt die Wasser hinaus aus dem Schlosspark zur Havel. Wie das Wasser für die Fontänen in den Park hineingelangt, sieht man bei einem Besuch im Dampfmaschinenhaus des Parkes Sanssouci, der so genannten **Moschee**. Sie steht ebenfalls an der Zeppelinstraße, an der Einmündung der Breiten Straße. Das Wasser bezieht das Pumpwerk aus der benachbarten Neustädter Havelbucht. Auch hier lieferte Persius im Auftrag von Friedrich Wilhelm IV. die Pläne und entwarf den Zweckbau zur Belebung des Ufers im maurischen Stil. Die ursprüngliche Maschine, welche das Wasser hinauf in das Reservoir auf den Ruinenberg pumpte, ist noch erhalten und wird für Besucher in Gang gesetzt. Die eigentliche Arbeit aber machen heute neue Pumpen.

In ebenfalls denkmalgeschützten Häusern, den **Hiller-Brandt-schen** Häusern ein Stück die Breite Straße entlang, kann man im **Potsdam-Museum** mehr zur Stadtgeschichte entdecken. Zwischen diesem und der Moschee steht an der Neustädter Havelbucht ein weiteres Kleinod der Baukunst, das **Café Seerose**. Der Spannbetonbau wurde 1983 nach Plänen von Ulrich Müther errichtet. Der sich selbst als Landbaumeister bezeichnende Müther entwarf auch das »Ahornblatt« in Berlin und den »Teepott« in Warnemünde. Während das erstere nach typisch Berliner Art abgerissen wurde, steht der zweitere derzeit leer. Die »Seerose« ist dagegen nicht nur in Betrieb, aus guten Gründen setzen sich Freunde guter Baukunst sogar für die Aufnahme des Gebäudes in die Landes-Denkmalliste ein, denn hier hat Potsdam einen Schatz modernen Bauens.

Der Pommer Müther war als selbstständiger Bauunternehmer in der DDR tätig. Seine Arbeit ist ein Beispiel dafür, dass es manches in der DDR gab, das nicht dem Klischee entsprach. Unverständlich bleibt, warum heute gesichtslose Blöcke wie an der Neustädter Havelbucht aufwendig saniert werden, während individuelle, qualitätvolle Bauten aus DDR-Zeiten dem Abriss zum Opfer fallen. Müther entwarf unter anderem die Fußbebauung des Berliner Fernsehturmes, die Messehallen in Rostock, zahlreiche Bauten auf Rügen und Kugeln für die Zeiss-Planetarien, die in Wolfsburg, Helsinki, Kuwait und Berlin realisiert wurden. Das Berliner Exemplar hat man – wahrscheinlich aus Versehen – stehen gelassen.

Müther ist ein Meister der frei tragenden Schale. Ein Betonring hält das Dach der Seerose, durch den aufliegenden Ring sind keine Zwischenwände nötig. Die vorhandenen dienen lediglich der Abgrenzung der Sanitär- und Küchenräume. Die Seeterrasse zur Bucht hin hat 100 Plätze. Innen ist die Einrichtung nicht nur zum Wasser passend sehr maritim: Die Betreiberin des Cafés ist die Brandenburg-Preußische Oderschifffahrtgesellschaft. Und da es manche Hohenzollern zum Wasser zieht, hat auch ein Angehöriger jener Familie, ohne die Potsdam noch ein märkisches Dörfchen wäre, hier seinen Stammtisch. Franz Friedrich von Preußen ist derzeit der einzige Hohenzoller, der sich in Potsdam angesiedelt hat.

Einem anderen, angeheirateten Familienmitglied wurde nicht weit, im Wildpark, 1847 das **Bayrische Haus** erbaut. Das Gebäude im Tegernseer Stil sollte Elisabeth, Tochter des bayerischen Königs Maximilian und Gattin Friedrich Wilhelms IV., das Leben in Preußen erleichtern. So nett sind die Preußen zu den Bayern – immer gewesen. Das Bayrische Haus wurde nach 1986 als SED-Gästehaus umgebaut und zu seinem Nachteil verändert und erweitert.

Die im April 2001 abgeschlossenen Umbauten sollen das Haus auf seine neue Rolle als Fünf-Sterne-Hotel vorbereiten. Deshalb gibt es zwei Restaurants: eines für Gourmets und eines als Hotelrestaurant. Die abgeschiedene Lage mitten im Wald des Wildparks macht das Haus, über die Zeppelinstraße kurz vor der Grenze zu Geltow zu erreichen, zu einem guten Ausgangspunkt für Wanderungen.

Kultur

Pumpwerk »Moschee«
Zeppelinstraße
Tel. 03 31 / 96 94-248
15. Mai–15. Okt.: Sa, So 10–17 Uhr
(Stiftung PSG, Zentrale: 03 31 / 96 94-200)

Potsdam-Museum (Hiller-Brandtsche Häuser)
Breite Straße 8–12
Tel. 03 31 / 289 66 00
Mo geschlossen
(Stiftung PSG, Zentrale: Tel. 03 31 / 96 94-200)

Gastronomie

Restaurant Aqua im art'otel
Zeppelinstraße 136
14471 Potsdam
Tel. 03 31 / 951 05 85
Fax: 03 31 / 981 55 55

Restaurant Persius-Mühle
Zeppelinstraße 136
14471 Potsdam
Tel. 03 31 / 909 88-13
Fax: 03 31 / 909 88-21

Café Seerose
Breite Straße 24
14467 Potsdam
Tel./Fax: 03 31/97 41 17

Bayrisches Haus
Restaurant und Hotel
Im Wildpark 1
14471 Potsdam
Tel. 03 31/550 50
Fax: 03 31/550 55 60
E-Mail: info@bayrisches-haus.de
Internet: www.bayrisches-haus.de

Bornim, Bornstedt und Eiche (Potsdam)

Als das Bayrische Haus noch nicht stand, herrschte im heute ältesten
Potsdamer Wirtshaus schon reger Betrieb. An der Potsdamer Straße
zwischen Bornstedt und Bornim bewirtet man seit 1835 mehr oder
weniger ununterbrochen die Kunden im **Gasthaus Katharinenholz**,
vis-à-vis dem gleichnamigen Waldstück. Die Einrichtung hat nicht
die Würde der Betriebsdauer. Doch vom an der Straße gelegenen
Biergarten mit rund 30 Plätzen aus kann man lohnende Wanderungen unternehmen. So führen vom Katharinenholz Wege zum
Schloss Lindstedt und zur Kirche in Bornstedt, auf deren Kirchhof unter anderem die Hofgärtner von Sanssouci, die Sellos, der bedeutendste deutsche Gartenarchitekt Peter Joseph Lenné, geborener
Bonner, und der Baumeister Ludwig Persius begraben liegen.
    Bornim und Bornstedt wurden 1936 nach Potsdam eingemeindet;
ein gleiches Schicksal widerfuhr Eiche, südlich von Bornim gelegen.
Die Kirche in Eiche, 1771 von Unger entworfen, ist ein weiterer Be-
leg für die immer wieder überraschende Vielgestalt der märkischen
Dorfkirchen. Hier handelt es sich um einen klassizistischen Rundbau
mit Kuppel, der Turm wurde 2000 neu gedeckt. Gleich an der Ecke
hat der **Lindenhof Zum Prinzen Heinrich** schattige Biergartenplätze
unter alten Linden. Das Haus wurde 1851 erbaut und gelangte 40
Jahre später in den Besitz der heutigen Betreiberfamilie.

Katharinenholz
Restaurant und Biergarten
Potsdamer Straße 37
14469 Potsdam
Tel./Fax: 03 31 / 52 02 23

Lindenhof Zum Prinzen Heinrich
Restaurant und Biergarten
Kaiser-Friedrich-Straße 104
14469 Potsdam
Tel. 03 31 / 50 06 21
Di geschlossen

Golm

Das in Eiche übergehende Dorf Golm liegt außerhalb des Potsdamer Stadtgebietes. Und nach einer Abstimmung aus dem Jahre 2001 soll das auch so bleiben. Die Golmer wollten im Zuge der Gemeindegebietsreform mit klarer Mehrheit nicht Potsdamer Stadtteil werden, sondern zu Werder gehören – und das, obwohl keine direkte Verbindung zur anderen Havelseite existiert. Davon kann man sich selbst überzeugen, wenn man sich an das Golmer Ufer zum **Gut Schloss Golm** begibt. Der Weg dorthin, von der Geiselbergstraße aus, lässt einen vielleicht zweifeln, ob man richtig ist. Auch die hohen Mauern des Hauses wirken zunächst etwas abweisend. Theodor Fontane bemerkte (zu Caputh): »Das Herrenhaus führt den Namen ›Schloss‹ (...). Man geht in der Mark etwas verschwenderisch mit diesem Namen um (...).«

Was sich hinter den Mauern verbirgt, ist zwar kein Schloss, lohnt jedoch die Entdeckung. Zu DDR-Zeiten war hier ein Kinderheim einquartiert. Zuvor war das Gebäude ein Gästehaus der UFA, in dem unter anderem Marika Rökk, Harry Piel und Marlene Dietrich abgestiegen sein sollen. In Nach-Wende-Zeiten waren unter anderem Götz George, Günther Jauch und Alfred Biolek zu Gast bei Svetlana Minkow und Cora von dem Bottlenberg. Die Großmutter der letzteren hatte das Haus in den 1920er Jahren betrieben. Siebzig Jahre später erwarben es die beiden Frauen, um daraus ein Fest- und Feierhaus zu machen. Die über 80 Hochzeitsfeiern im Jahr tragen zu den etwas rigiden Öffnungszeiten bei. Das 42 000 Quadratmeter große Grundstück wird in Teilen genutzt, als Sommerterrasse, als Liege- und Badewiese und für die Inszenierungen der Feste. Die Räume sind sehr geschmackvoll fernab des üblichen Hotelplüschs eingerichtet, die Küche ist an Vollwertkost und biologischem Anbau ausgerichtet. Minkow und von dem Bottlenberg machen vor allem zur Winterzeit im eigenen Berliner Tonstudio Musik, allerdings nicht mehr als Duo Cora. Cora veröffentlichte in den 80er Jahren deutschsprachige Popmusik mit Singles wie »Amsterdam«, »Liebeskummer« oder »Istanbul«. Ihr jetziger Hit heißt meist »Gut Schloss Golm« – viel Zeit für Musik bleibt bei einem solchen Betrieb nicht.

Vom Ufer des **Großen Zernsees** blickt man auf das Werderaner Ufer und sieht in der Ferne die Autos über die Brücke des Berliner Autobahnrings kriechen. Wie die Golmer in ihr möglicherweise zukünftiges Rathaus kommen wollen, ist noch nicht geklärt.

Golm legt sich kreisförmig um den 68 Meter hohen Reiherberg. Im Nordwesten des Berges steht die neugotische Backsteinkirche, 1886 nach Stiftung des Kronprinzen Friedrich erbaut. Die alte Dorfkirche aus dem 16. Jahrhundert dient heute als Begräbniskapelle, der gedrungene Turm entstand 1718.

Der Zukunft zugewandt ist der Norden Golms: Nördlich des Bahnhofs hat sich nicht nur der Wissenschaftspark der Max-Planck-Gesellschaft niedergelassen, sondern – auf der östlichen Seite der Bahn – auch der naturwissenschaftliche Campus der Universität Potsdam. Von hier führt ein Weg durch die Golmer Fichten zum Kuhfortdamm an der Grenze zwischen Golm und Potsdam. Eine sehenswerte vierreihige Lindenallee führt von dem Damm direkt auf das Neue Palais im Park Sanssouci zu. Dort sitzen die zentralen Einrichtungen der Universität. Vielleicht überlegen es sich die Golmer mit der Gebietsreform doch noch – wo nun die Potsdamer sogar die Universität mit ihnen teilen.

Wer Golm nicht ohne Stärkung verlassen will, wird auch im Dorf fündig: Das im Dezember 2000 eröffnete **Landhotel Potsdam/ Golm** zu Füßen des Reiherberges bietet ein Restaurant mit Hofgarten zum Berg hin und ein Bistro mit Terrasse zur Straßenseite.

Gastronomie

Gut Schloss Golm
Am Zernsee 1
14476 Golm
Tel./Fax: 03 31/50 05 21
Internet: www.gutschlossgolm.de
13. Apr.–21.Okt.: Do–So 12–21.30 Uhr;
Rest des Jahres: Sa, So 12–21.30 Uhr;
Nov. geschlossen

Landhotel Potsdam/Golm
Restaurant und Hotel
Reiherbergstraße 33
14476 Golm
Tel. 03 31/60 11 90
Fax: 03 31/60 11 95 00
E-Mail: info@landhotel-potsdam.com
Internet: www.landhotel-potsdam.com

Mit den Öffentlichen/dem Rad unterwegs

ÖPNV
– RB21, S7 bis Griebnitzsee, ab hier Bus 696 bis Filmpark Babelsberg
– RB11, RB33 bis Bhf. Medienstadt Babelsberg
– RE1 (nicht alle Züge), RB22 bis Bahnhöfe Park Sanssouci oder Charlottenhof
– RB21, RB22 bis Golm
– S7 bis Babelsberg, laufen oder Bus 693 bis Babelsberg Nord (Klein-Glienicke, Schlosspark)
– RE1, RE3, RB20, RB2, RB22, S7 bis Potsdam Hbf., ab hier:
  Tram 92 und Tram 98 bis Gaußstraße/Jagdschloss Stern oder
  Tram 92 bis Am Schragen (zum Kapellen- und Pfingstberg) und Biosphäre/BUGA-Gelände oder
  Tram 93 über Otto-Nagel-Straße (Waschhaus) bis Glienicker Brücke (Kongsnaes, Neuer Garten)
– Bus 695 über Schloss Sanssouci bis Drachenhaus
– Bus 694 bis Schloss Cecilienhof

Schiffsverbindungen

Griebnitzsee, Glienicker Brücke, Cecilienhof und Potsdam, Lange Brücke, werden durch Linienfahrten der Weißen Flotte Potsdam und der Stern- und Kreisschifffahrt mit Berlin-Wannsee verbunden (Auskunft siehe Kapitel Praktische Hinweise)

Fahrradtouren

– Ab S-Bhf. Griebnitzsee immer parallel zum Ufer, Uferweg Schlosspark Babelsberg, Nuthestraße/Humboldtbrücke, Behlerstraße, Alexandrowka, Pappelallee, Katharinenholz, Bornstedt und zurück über Schopenhauerstraße bis Potsdam Hbf.
– Ab Bhf. Golm nördlich Max-Planck-Campus zum Zernsee, Ufer, am Schloss Gut Golm nach Golm, Kuhfortdamm, Lindenallee, Amundsenstraße, Lindstedter Chaussee, Pappelallee und weiter Richtung Hbf. Potsdam

In den Schlossparkanlagen ist das Radfahren untersagt!

Zu Fuß und im Wasser

Wandern

– Ab S-Bhf. Griebnitzsee am Seeufer durch den Schlosspark Babelsberg bis Grenzstraße, Karl-Liebknecht-Straße zum S-Bhf. Babelsberg
– Ab Glienicker Brücke (Tram 93) Ufer bis Neuer Garten, Pfingstberg, Kapellenberg, BUGA-Gelände, Ruinenberg, Schloss Sanssouci, Drachenhaus, Park Charlottenhof, Ausgang Charlottenhof, Tram 98 bis Potsdam Hbf.

Baden

– Tiefer See/Havel, Ostufer
– Strandbad Babelsberg

14 Der Berliner Südwesten mit Wannsee, Havel und Grunewald

Die Havel prägt den Südwesten Berlins. Breit umfließt sie die Pfaueninsel, wirkt am Schildhorn wie ein See und macht aus einer Bucht den Wannsee. An ihr Ostufer reicht der Grunewald heran. Der Südwesten war seit jeher bevorzugtes »Siedlungsgebiet« der Hohenzollern, die hier Schlossbauten hinterließen: das Jagdschloss Grunewald, die Schlösser Glienicke und Pfaueninsel. In manche Hohenzollernbauten sind Wirtschaften eingekehrt, sei es das Blockhaus Nikolskoe oder Moorlake. Eine Mischung aus Wald, Wasser, Villen und Parkanlagen mit viel Geschichte wartet auf Entdeckung.

Am Ostufer des Wannsees

»Pack' die Badehose ein ...« und nüscht wie raus zum fünftgrößten Berliner See. Der Große Wannsee ist eigentlich eine Havelausbuchtung, wie der Schwielow- oder der Tegeler See. Und wo stürzt man sich am Besten in diese Havelbucht? Dort, wo die anderen alle sind: Zum Strandbad Wannsee führt der kürzeste Weg nicht ab dem gleichnamigen, sondern ab S-Bahnhof Nikolassee über den Wannseebadweg.

Das über 1,2 Kilometer lange **Strandbad** Wannsee wurde 1907 eröffnet, die heutigen Bauten des Bades stammen aus den zwanziger Jahren. Richard Ermisch und der legendäre Stadtbaurat Martin Wagner entwarfen auf den Umkleide- und Duschhallen große Sonnenterrassen und Sportflächen, alles verbunden durch die fünfhundert Meter lange Pergola mit Kiosken und Läden. Das Bauwerk steht unter Denkmalschutz und wird in jahrelanger Arbeit unter Betrieb rekonstruiert und soll immer noch das größte Binnenbad in Europa sein.

Im Wannseebadweg 35, nördlich des Strandbades, sind im Dezember 2001 die **Wannsee-Terrassen** abgebrannt. Doch bereits Ende 2002 sollen sich die Hungrigen hier wieder stärken können – mit Sicht auf Wasser, Boote und Insel.

Zur Insel **Schwanenwerder** führt der Wannseebadweg in Verlängerung. Schwanenwerder wird über die kreisförmige Inselstraße erschlossen. Die Grundstücke liegen zwischen Straße und Wasser, so dass weniger eine Insel- als eine Villenkolonieatmosphäre für die Spazierenden entsteht. Die Villen allerdings sind durchaus sehenswert. Auch Prominente, die es sich leisten konnten, haben sich die Ruhe der Insel gegönnt. Nicht gerade für Ruhe bekannt war allerdings der rheinische Schreihals Goebbels, der in der Nummer 10 zur NS-Zeit sein Unwesen trieb. Heute kümmert man sich im dortigen Aspen-Institut um Sinnvolles, nämlich um den Austausch zwischen Deutschland und den Vereinigten Staaten von Amerika. Goebbels war nicht der einzige Nationalsozialist der Insel, auch Theodor Morell, Leibarzt Hitlers, (Nummer 24) und Architekt Albert Speer (Nummer 7) gehörten zu denen, die sich ohne den Terrorstaat Schwanenwerder nicht hätten leisten können. Später besaß beispielsweise der Verleger Axel Cäsar Springer eine Villa in der Inselstraße, zwischen 1961 und seinem Tode 1985 auf dem Grundstück Nummer 23–26.

Eine Station vom S-Bahnhof Nikolassee entfernt, steht mit dem Eingangsgebäude des S- und Fernbahnhofes Wannsee ein expressionistisches Werk Richard Brademanns von 1928. Daneben amüsiert man sich im Großbiergarten einer Institution, bei **Loretta am Wannsee.** Oberhalb des Hauses aus den 1930er Jahren mit Restaurant und einer 70 Plätze umfassenden Terrasse warten unter Bäumen rund 1000 sommers gut besuchte Biergartenplätze.

Die Verkehrsanbindung ist hervorragend: Der Bahnhof liegt nebenan und gegenüber der Hafen. Von hier kann man mit Schiffen etwa zur Pfaueninsel, nach Potsdam oder Spandau fahren oder per Fähre nach **Kladow** am Westufer der Havel übersetzen. Hier verkehrt Berlins längste Fährlinie. Direkt aufeinander folgende Hin- und Rückfahrten sind nicht gestattet, um der Ortsbevölkerung den Vortritt zu lassen. Vier Kilometer oder zwanzig Minuten braucht man in den grünen Süden des Bezirkes Spandau. Unterwegs geht der Blick auf die Bebauung der Villenkolonie Wannsee.

Wannsee-Terrassen
Wannseebadweg 35
14129 Berlin
Tel. 030/803 40 24 25
Sommer: 9–22 Uhr; Winter: 12–18 Uhr
Di geschlossen

Loretta am Wannsee
Restaurant und Biergarten
Kronprinzessinnenweg 260
14109 Berlin
Tel. 030/803 51 56
Fax: 030/803 22 55
E-Mail: loretta-berlin@t-online.de
Internet: www.loretta.de

Vom Wannsee zum Griebnitzsee

Zu Fuß ist der Weg entlang der sich an den Wannsee anschließenden Seenkette empfehlenswert. Zunächst erreicht man über die Bismarckstraße – schräg gegenüber von Loretta – das **Kleistgrab**. Es befindet sich in einem kleinen Park, der von der Straße zum Ufer des Kleinen Wannsees hin abfällt. Hier erschoss der Dichter Heinrich von Kleist im November 1811 sowohl sich als auch Henriette Vogel, eine Freundin. Den Zugang zu der Anlage weisen folgende Zeilen: »Zum Kleist-Grab. Frieden hier suchte/des Dichters ruhlose Seele/schone darum die Natur/die ihn hier liebend umfängt.« Der 1777 in Frankfurt an der Oder geborene Kleist diente von Potsdam aus im Garderegiment, war im Krieg im Rheinland, arbeitete bis 1806 in Königsberg für das preußische Finanzministerium und entschied sich schließlich ganz fürs Schreiben. Die Herausgabe der ersten täglich erscheinenden Zeitung Berlins, aber auch die Aufführung von Stücken wie der »Prinz von Homburg« wurden von den preußischen Behörden behindert oder gar verboten. Es fehlte Kleist unter anderem an Freiheit, Geld, Anerkennung und innerer Ruhe. Auf seinem Grabstein steht: »Nun, o Unsterblichkeit, bist du ganz mein.« Henriette Vogel wird nicht erwähnt.

Folgt man dem Ufer von Pohle- und Stölpchensee und damit dem Prinz-Friedrich-Leopold-Kanal, erreicht man **Kohlhasenbrück**, den letzten Berliner Ortsteil vor Potsdam. Unweit der Stelle, wo der Teltowkanal in den Griebnitzsee mündet, soll Hans Kohlhase einen Schatz im sumpfigen Wasser versenkt haben – von dem Ort aus, wo heute die Nathanbrücke steht. Das Schicksal des um sein Recht kämpfenden und im März 1540 auf dem heutigen Strausberger Platz in Berlin hingerichteten Kohlhase diente als Vorlage für Heinrich von Kleists Drama »Michael Kohlhaas«. Kleist stellt in dem Stück die Frage nach einer Rechtsordnung, in der die Interessen der Obrigkeit und des Individuums sich nicht widersprechen, sondern ergänzen.

Vielleicht könnte Kleist sich heutzutage und hierzulande seinem Traum näher fühlen und den relativen Frieden am Griebnitzsee genießen (der nur ab und zu von zu lauten und zu schnellen Privatbooten gestört wird). Zum Genießen lädt mit Blick auf See und Kanalmündung die Terrasse des 1918 erbauten **Landhauses Söhnel**. Nachdem hier die Großeltern und Eltern jeweils 15 Jahre den Kochlöffel schwangen, übernahm Herr Herzog junior im Dezember 2001 in dritter Generation die Verantwortung für eine rustikale Küche, in der es auch vegetarische Angebote gibt.

Gastronomie

Landhaus Söhnel
Neue Kreisstraße 50
14109 Berlin
Tel./Fax: 030/805 20 72
Küche 12–21 Uhr
Mo, Di geschlossen

Am Westufer des Wannsees

Am Westufer des Wannsees erstreckt sich die der größte Teil der Villenkolonie Wannsee. Parallel zum Ufer verläuft die Straße Am Großen Wannsee. Hier, im Haus Nummer 56–58, erinnert man im **Haus der Wannseekonferenz** an die Tagung von Spitzenbeamten NS-Deutschlands, die unter Vorsitz von Reinhard Heydrich die Durchführung der Ermordung der über zehn Millionen europäischen Juden planten und darüber das so genannte »Wannsee-Protokoll« verfassten.

Ein Opfer der Nationalsozialisten hatte im Hause Nummer 42, Ecke Colomierstraße, seine Sommerresidenz und lebte ansonsten neben dem Brandenburger Tor: der Maler **Max Liebermann**. Seine Werke wurden von NSDAP-Schergen als »entartete Kunst« eingestuft, als Präsident der Akademie der Künste trat Liebermann zurück. Er starb 1935 im Alter von 85 Jahren; seine Frau nahm sich später das Leben.

An der Ecke Am großen Wannsee / Zum Heckeshorn steht der **Flensburger Löwe**, eine sieben Meter hohe Kopie des 1853 von Hermann Wilhelm Bissen geschaffenen Zinkgusses. Die dänischen Behörden hatten den Löwen 1862 auf dem Flensburger Friedhof aufstellen lassen. Zwei Jahre später kam er nach Berlin, auf den Hof der Kadettenanstalt in Lichterfelde, 1946 wurde das Original an Dänemark zurückgegeben. Die Kopie erinnert an die Verknüpfung der Kolonie Wannsee mit dem deutsch-dänischen Krieg. Angelegt wurde sie Mitte des 19. Jahrhunderts von Wilhelm Conrad. Dessen Schwager Colomier hatte in besagtem Krieg mitgewirkt und als General zur Eroberung der Insel Alsen beigetragen, nach der die Kolonie ursprünglich benannt war. Ihren heutigen Namen erhielt sie 1889.

Die Villenkolonie entstand neben dem alten Dorf **Stolpe**. Dessen Kern liegt südlich der Königstraße und wird überragt vom Turm der Dorfkirche mit den vier markanten Ecktürmchen. Der Schinkel-Schüler August Stüler entwarf die bis 1859 entstandene Kirche, die, gedacht auch als Verschönerungsmaßnahme der Potsdamer Kulturlandschaft, von König Friedrich Wilhelm IV. finanziert wurde.

Neben der Kirche bietet das **Restaurant Chopin** passend zur Herkunft des Besitzers schlesische Küche. Das beliebte Haus eher der gehobenen Klasse bietet auch 90 Gartenplätze, eine Pianobar sowie zuweilen Kabarett oder Modenschauen.

Das hübsche neugotische **Rathaus Wannsee** von Otto Stahn und die katholische **St. Michaels-Kirche**, 1927 erster expressionistischer Kirchenbau Berlins, stehen beide an der Chausseestraße, die vom Dorfkern zur Königstraße führt. Letztere, die heutige Bundesstraße 1, führte früher als Reichsstraße 1 von Aachen bis Königsberg. Sie wurde 1792 als erste befestigte Landstraße in Preußen angelegt. Gegenüber dem Rathaus weist eine Meilensäule die Entfernung nach Berlin aus: drei preußische Meilen, also rund 22,7 Kilometer.

Nördlich der Königstraße geht es Richtung Potsdam hinauf auf den **Schäferberg**, dessen zuweilen wolkenverhangene Gipfel auf für die Mark Brandenburg erstaunliche 103 Meter über Normalnull kommen. Bekrönt werden sie von dem über zweihundert Meter hohen Fernmeldeturm auf dem Schäferberg, der ungerechterweise im Schatten seiner beiden berühmten Amtskollegen am Alexanderplatz und an der Messe steht und leider keine Aussichtsplattform hat – der Blick von dort oben über die Wald-Wasser-Komposition der Havellandschaft wäre einen Aufstieg wert. Wieder hinunter vom Berg führen Wege und Straße in das Haveltal. Dort findet man am Wasser zwei Schlösser.

Kultur

Gedenk- und Bildungsstätte
Haus der Wannseekonferenz
Am Großen Wannsee 56–58
14109 Berlin
Tel. 030/80 50 01-0
Fax: 030/80 50 01-27
E-Mail: info@ghwk.de
Internet: www.ghwk.de
Mo–So 10–18 Uhr

Gastronomie

Restaurant Galerie Chopin
Wilhelmplatz 2
14109 Berlin
Tel. 030/805 30 33
Fax: 030/805 92 53
Internet: www.chopin-polonaise.de
tgl. 12–24 Uhr

Von Glienicke bis zur Pfaueninsel

Wieder südlich der B1 liegt das **Jagdschloss Glienicke** am Ufer des Griebnitzsees, direkt neben dem Potsdamer Stadtteil Klein-Glienicke (siehe S. 176). Das Jagdschloss stammt im Kern aus dem 17. Jahrhundert, wurde bis 1861 in französischem Barockstil erweitert und umgestaltet, fast dreißig Jahre später aufgestockt und durch Mittelgiebel und Turm ergänzt. Max Taut zeichnet verantwortlich für den bis 1964 erfolgten sehr modernen Umbau des Gebäudes, das heute als Tagungshaus des Senates betrieben wird.

Um die Wiederherstellung des Ursprungszustandes bemüht man sich dagegen nördlich der Straße im **Volkspark und Schloss Glienicke**. Dort ließ Prinz Karl von Preußen, drittältester Sohn der Königin Luise, ein bereits vorhandenes Anwesen aus- und umbauen und einen Park anlegen. Es entstand ein einzigartiges Beispiel klassizistischer Bau- und Gartenkunst. Die beiden in ihrem jeweiligen Genre wichtigsten deutschen Künstler wirkten dabei entscheidend mit: der Baumeister Schinkel und der Gartenbaumeister Lenné. Letzterer schuf ein Meisterwerk des englischen Landschaftsgartens; der Bereich des Hauses und der es umgebenden geometrischen Partien geht über in eine scheinbar kaum gestaltete Landschaft. Die heitere Stimmung entspringt genauer Planung. Scheinbar frei geschwungene Wege führen zu exakt gesetzten Sichtpunkten, von denen der Parkbesucher in Kontakt tritt zu den umgebenden Landschaften, Schlössern und Türmen. Der Liebe des Prinzen Karl zur Antike kamen nicht nur der Garten und die Architektur entgegen, sondern die Bauten umfangen auch zahlreiche Bauteile und Kunststücke, die vor allem aus Italien herangeschafft worden. Seit 1977 arbeitet man mit großem Erfolg an Erhaltung und Wiederherstellung der Anlage. Im Garten findet sich neben dem Hauptgebäude, Schloss Glienicke, unter anderem die Löwenfontäne und die Große Neugierde, ein Säulenrundbau mit Blick Richtung Potsdam.

Der Ausblickspunkt liegt direkt an der Glienicker Brücke, die als »Brücke der Spione«, als Schauplatz des Austausches von Agenten zur Zeit des Kalten Krieges, berühmt wurde. Von hier gibt es auch einen Fährbetrieb zur **Sacrower Heilandskirche**. Sie lag zur Teilungszeit im Grenzgebiet und war ursprünglich ein Stück des Lennéschen Landschaftsplans. Ludwig Persius entwarf die Basilika 1844 für die Kirchgänger vom Gut und Dorf Sacrow nahebei.

Mit Blick auf die Kirche liegt – wieder im Park Glienicke – ebenfalls an der Havel das **Casino**, parkeinwärts befindet sich der **Klosterhof**. Diese Anlage diente vor allem der Zurschaustellung von Kunstwerken, großteils venezianischer Herkunft. Die Mehrzahl der – meist antiken – Skulpturen, Plastiken, Reliefs und Bauteile des Prinzen Karl, die in und an den Gebäuden des Komplexes zu sehen waren, sind allerdings nach seinem Tod verkauft worden.

Im Norden der Anlage findet sich am Ufer das Gärtner- und Maschinenhaus samt Wasserturm und im Park das Matrosenhaus, beide entworfen vom Schinkel-Schüler Persius. Er ist auch der Autor des früheren Forsthauses, heute **Gasthaus Moorlake**, in einer Havelbucht schattig gelegener Zielpunkt sommerlicher Ausflügler.

Nordöstlich des Gasthauses stehen auf dem Hochufer die Kirche St. Peter und Paul und das 1819 entstandene **Blockhaus Nikolskoe**. Dies wird von vielen Berlinern mit einem »ö« am Ende ausgesprochen, heißt eigentlich aber Nikòlskoje, also »dem Nikolaus zu eigen«. Jener Nikolaus war russischer Zar und Gatte der Alexandra Feodorowna, wie sich die preußische Prinzessin Charlotte nach ihrer Hochzeit nannte. Ihr Vater König Friedrich Wilhelm III. ließ für Verwandtschaftsbesuche dies Holzhaus bauen. Der erste Kastellan, ein vom König eingesetzter Russe, begann mit einem Ausschank, woraus sich eine Gastwirtschaft entwickelte. Das Restaurant brannte 1984 aus und wurde ein Jahr später wieder eröffnet; mehrere hundert Menschen können draußen sitzen.

1837 wurde das Blockhaus um **St. Peter und Paul** ergänzt. Die Kirche birgt das einzig erhaltene Beispiel einer Ausstattung, wie sie den bekannten Berliner Vorstadtkirchen Schinkels eigen war – wenngleich sie wesentlich ein Werk seines Schülers August Stüler ist. Lediglich Vordach und russisch anmutender Zwiebelturm beziehen sich auf das Blockhaus. Hier befindet sich die Familiengruft des Hohenzollernprinzen Karl.

Ein weiteres Bauwerk der Hohenzollern liegt voraus auf der **Pfaueninsel**. Das Schloss Pfaueninsel entstand ab 1794 als Kunstruine nach einer Idee der Gräfin Lichtenau. Geboren als Wilhelmine Encke, war sie die Lebensfreundin und zeitweilige Geliebte des sinnenfrohen Friedrich Wilhelm II. Bei dessen Sohn und Nachfolger fiel die Gräfin in Ungnade und wurde sogar ins Gefängnis geworfen. Dennoch nutzten Friedrich Wilhelm III. und seine Frau Luise das Schlösschen gern als Sommerresidenz und ließen die Insel umgestalten.

Zur Pfaueninsel gelangt man ausschließlich über eine Fähre. Die Fährleute und die Pfauen auf der Insel geben acht, dass das Hunde-, Rauch- und Musizierverbot auch eingehalten wird. Von all dem gibt es anderenorts in Berlin genug, so dass die Insel tatsächlich wie eine Oase wirkt. Der Park wurde 1822 von Lenné neu gestaltet. Ihn schmücken das Haus des Kastellans an der Südspitze, das Fährhaus, das reetgedeckte Fregattenhaus, das Kavaliers- oder Maschinenhaus, der borkenverkleidete »Jagdschirm« und an der Nordspitze die neogotische Meierei, ebenfalls eine Kunstruine.

Zwischen dem Luisentempel und dem Jagdschirm liegen im Boden Reste einer Hütte, in der der kurfürstliche Alchimist Johann Kunckel laborierte und 1679 das auch nach ihm benannte Kunckeloder Rubinglas erfand. Auf der Insel gibt es keine Gastronomie, doch an der Fähre zur Insel laden gleich zwei Gärten am **Wirtshaus Zur Pfaueninsel** zum Draußensitzen ein.

Von hier aus kann man dem Ufer zurück zur Villenkolonie Wannsee folgen. Unterwegs gibt es weitere Badestellen, beispielsweise am Tiefehorn, der Nordspitze des Glienicker Werders, jener von Havel, Griebnitzsee und Wannsee umgebenen Landmasse, auf der soviel Sehenswertes liegt.

Kultur

Schloss Glienicke
Königstraße (Schlossverwaltung)
Tel. 030/805 30 41
15. Mai – 15. Okt.: Sa, So 10–17 Uhr

Schloss Pfaueninsel
Tel. 030/8058 68 32
Apr.–Okt.: 10–17 Uhr
Mo geschlossen
(Stiftung PSG, Zentrale: Tel. 03 31/96 94-200)

Gastronomie

Wirtshaus Moorlake
Moorlakeweg 1
14109 Berlin
Tel. 030/805 58 09
Fax: 030/805 25 88

Restaurant Blockhaus Nikolskoe
Nikolskoer Weg 15
14109 Berlin
Tel. 030/805 29 14
Fax: 030/805 20 29
E-Mail: blockhaus-nikolskoe@gmx.de

Wirtshaus Zur Pfaueninsel
Pfaueninselchaussee 100
14109 Berlin
Tel. 030/805 22 25
Fax: 030/805 34 84

An der Havel und im Grunewald

Auch das Havelufer nördlich von Schwanenwerder verfügt über zahlreiche kleine **Badestellen** – bis hin zum Schildhorn, einer Halbinsel gegenüber dem Spandauer Ortsteil Gatow.

Hier soll der Slawenfürst Jaxa von Köpenick zum christlichen Gott seiner erfolgreichen Feinde gebetet, die breite Havel durchschwommen und aus Dankbarkeit seinen Schild, den er bemerkenswerterweise beim Schwimmen mit sich geführt haben muss, an einen Baum der Landspitze, des Horns also, gehängt haben. Eine acht Meter hohe Sandsteinsäule des bereits mehrfach erwähnten August Stüler von 1845 erinnert an die Legende, die die Eroberung der Mark Brandenburg 1157 durch den Verfolger Jaxas, Albrecht den Bären, kommentiert. Über diese Art des Kommentars kann sinnieren, wer will, im **Wirtshaus Schildhorn** – vorausgesetzt, die fast fünfhundert Außenplätze sind nicht alle besetzt. Allerdings gibt es auch im Wirtshaus reichlich Platz, der Komplex mit Wintergarten, Land- und Fachwerkhaus wuchs in 130 Jahren Betrieb.

Auf halber Strecke zwischen Schildhorn und Schwanenwerder steht auf dem Karlsberg der 55 Meter hohe **Grunewaldturm**, entworfen von Franz Schwechten, dem Baumeister unter anderem der Kaiser-Wilhelm-Gedächtnis-Kirche und der heutigen Kulturbrauerei auf dem Prenzlauer Berg. Dieser frühere König-Wilhelm-Gedächtnis-Turm wurde 1897 vom Kreis Teltow gestiftet, um Wilhelm I. zum hundertsten Geburtstag ein Denkmal zu setzen – ein solches steht konkret in der Halle des Turmes – und gleichzeitig Geld bringende Ausflügler in den Grunewald zu locken.

Der größte Berliner Stadtforst hat mit dem **Jagdschloss Grunewald** auf der anderen – östlichen – Seite des Waldes, zwischen Hüttenweg und Pücklerstraße, noch ein Bauwerk zur Besichtigung im Angebot. Berlins einzig erhaltenes Renaissanceschloss wurde bis 1542 unter Kurfürst Joachim II. errichtet und 1701 barock umgestaltet. Joachim nannte das Schloss »Zum Grünen Wald«, daraus wurde der Name des umgebenden Forstes. Das aus Sparsamkeitsgründen erstmalig 2001/02 im Winter geschlossene Haus zeigt Einrichtungsgegenstände, teils aus dem zerstörten Berliner Schloss Monbijou. Jagdwaffen und Gemälde meist aus dem 17. Jahrhundert sind zu sehen.

Im **Grunewaldsee**, an dem das Schloss liegt, sollte man nicht schwimmen, denn er ist von Hundeauslaufgebieten umgeben. Beliebt ist im Grunewald bzw. an seinem Rand eher das Baden im **Schlachtensee** oder im kleinen **Teufelssee**, der zu Füßen des Teufelsberges liegt. Der aus Kriegstrümmerschutt zusammengetragene Teufelsberg ist mit 115 Metern Höhe neben den erwähnten Müggelbergen die höchste Erhebung der Stadt. Von dort oben, wo die früheren Radaranlagen der US-Armee umgebaut werden sollen, hat man bei klarer Sicht einen weiten Blick sowohl auf die Innenstadt Berlins als auch über Berlins grüne Ränder, die diese Stadt so einzigartig machen.

Kultur

Jagdschloss Grunewald
Am Grunewaldsee
14193 Berlin
Tel. 030/813 35 97
Apr.–Okt.: Di–So 10–17 Uhr

Gastronomie

Wirtshaus Schildhorn
Straße am Schildhorn 4 a
14193 Berlin
Tel. 030/305 31 11
Fax 030/305 20 81

ÖPNV
- RE1, RE3, RB11, RB33, S1, S7 bis Wannsee
- S1, S7 bis Nikolassee
- S7 bis Grunewald (Fußweg Richtung Teufelssee und Teufelsberg)
- Bus 216 bis Nikolskoe, Pfaueninsel
- Bus 218 über Havelchaussee, Grunewaldturm, Schildhorn
- Bus 114 bis Haus der Wannseekonferenz
- Bus 115 (bspw. ab U-Bhf. Fehrbelliner Platz oder U-Bhf. Oskar-Helene-Heim) bis Pücklerstraße (Fußweg bis Jagdschloß Grunewald)
- Bus 116 bis Schloß Glienicke
- Bus 118 bis Wilhelmplatz (Dorfkern Stolpe), Kohlhasenbrück

Schiffsverbindungen
- Ab Wannsee fahren Schiffe bis: Potsdam, Spandau, Berlin-Innenstadt, Tegel, Pfaueninsel, Moorlake, Glienicker Brücke, Kohlhasenbrück
- Ab Wannsee Fähre nach Kladow
- Ab Glienicker Brücke Fähre nach Sacrow

Fahrradtouren
- Ab S-Bhf. Heerstraße über Teufelsseechaussee und Schildhornweg bis Schildhorn, weiter am Havelufer bis Nikolassee
- Ab S-Bhf. Grunewald über Schildhornweg bis Havelchaussee, über Saubuchtweg, Schwarzer Weg und Havelchaussee bis Nikolassee
- Ab Bhf. Wannsee über Stahnsdorfer Damm, Kurfürstenweg, Königsweg bis Kohlhasenbrück, zurück über Stolpe-Dorf/Wilhelmplatz und Königstraße
- Ab Bhf. Wannsee über Königstraße, Am Großen Wannsee, Uferpromenade, Pfaueninsel, Moorlake bis Volkspark Glienicke, zurück über Klein-Glienicke, Roedenbecksteig, Schäferstraße, Wilhelmplatz

Wandern

- Ab Haus der Wannseekonferenz (Bus 114) Uferpromenade über Pfaueninsel, Nikolskoe, Moorlake, Schloß Glienicke bis Glienicker Brücke (Bus 116)
- Ab S-Bhf. Wannsee über Bismarckstraße/Kleistgrab, Sieben-Raben-Weg bis Wilhelmplatz/Stolpe oder weiter bis Kohlhasenbrück
- Ab Glienicker Brücke über Schloß Glienicke, Moorlake, Nikolskoe bis Pfaueninsel (Bus 216)
- Ab S-Bhf. Nikolassee über Wannseebadweg, Schwanenwerder, Havelufer bis Havelchaussee, diese weiter Richtung Schildhorn (Bus 218)
- Ab S-Bhf. Nikolassee am Schlachtensee, Krumme Lanke bis Onkel-Tom-Straße (U-Bhf. Onkel-Toms-Hütte)
- Ab Pücklerstraße (Bus 115) über Jagdschloß Grunewald und Hüttenweg zum Grunewaldturm (Bus 218)
- Ab S-Bhf. Grunewald über Teufelssee und Schildhornweg oder über Teufelsberg Richtung Am Postfenn jeweils bis Schildhorn (Bus 218)

Baden

- Strandbad Wannsee
- Heckeshorn und Tiefehorn (beide mit Bus 114 bis Haus der Wannseekonferenz)
- Havel, Ostufer (z. B. Schildhorn, Havelweg, Lieper Bucht, Schwarzer Weg)
- Schlachtensee
- Teufelssee

Praktische Hinweise

Informationen zu den Ausflugsgebieten

Die Reisegebiete, Landkreise und teilweise auch einzelnen Orte haben Gäste-Informationsbüros (siehe dort). Die Adressen und andere grundlegende Informationen erhält man bei der TMB.

TMB Tourismus-Marketing Brandenburg GmbH, Informations- und Buchungsservice ReiseLand Brandenburg, Tel. 03 31/200 47 47 (Hotline), Fax: 03 31/298 73-28, -29, E-Mail: hotline@reiseland-brandenburg.de, Internet: www.reiseland-brandenburg.de

Das Heft »Reisejournal« erscheint jährlich kostenfrei und enthält neben vielem anderen auch Tipps zu Unterkünften, familienfreundlichen Herbergen und Reisen für Menschen mit Behinderungen. Speziellere Informationen bieten folgende Broschüren: »Mit dem Rad durchs Land Brandenburg«, »Mit dem Boot durch Brandenburg und Berlin«, »Brandenburger Teller« (mit Gastronomie-Tipps). Alle Hefte sind unter anderem beim regio-punkt erhältlich. Hier erfährt man auch etwas über die zahlreichen lohnenden Veranstaltungen im Lande – seien es Stadtfeste, Musiksommer, Ausstellungen, Tage der offenen Tür o. Ä.

regio-punkt, im Bahnhof Berlin Friedrichstraße, Tel. 030/24 72 96 29, Fax: 030/24 72 94 06, E-Mail: regiopunkt@t-online.de, Internet: www.brandenburg-termine.de

Karten

Gutes, auf die Art der Fortbewegung abgestimmtes Kartenmaterial ist in jedem Fall sinnvoll.

Autokarten. Handelsübliche Karten mit dem Maßstab 1 : 150 000 sind nur dann empfehlenswert, wenn man direkt von Ortschaft zu Ortschaft fahren möchte, ohne zwischendurch Abstecher in die Natur zu machen. In diesem Maßstab gibt es »Rund-um-Berlin«-Karten, die das direkte Umland vollständig darstellen.

Wer unterwegs Wanderungen oder Ähnliches plant, sollte sich detailliertere Karten besorgen. Geeignet für Touren mit dem Auto ist unter anderem:

Berlin & Brandenburger Blitzer (12,95 Euro), StadtINFO Verlag, Tel. 030/89 59 30-0; der Maßstab des Hauptteils ist 1 : 23 500.

Der Atlas deckt einen wichtigen Teil des unmittelbaren Berliner Umlandes ab, liest sich wie ein Stadtplan und enthält auch Nahverkehrsverbindungen.

Nahverkehrskarten. Über eine mögliche Neuauflage des im Jahr 2000 erschienen »Erlebnisatlas« (herausgegeben vom Verkehrsverbund Berlin-Brandenburg VBB) ist noch nicht entschieden. Wünschenswert wäre eine solche übersichtliche Darstellung der aktuellen Nahverkehrsverbindungen. Auf jeden Fall gibt es jedoch eine CD-Rom mit integriertem Fahrinfoprogramm samt detaillierten Karten beim VBB (Adresse siehe unten: Unterwegs mit den Öffentlichen). Auch Fahrplanhefte mit Karten der jeweiligen Landkreise sind hier erhältlich. Und im Internet kann man unter der Adresse www.vbbonline.de Karten mit Nahverkehrsverbindungen runterladen.

Radkarten. Die Bielefelder Verlagsanstalt BVA bietet im Maßstab 1 : 75 000 eine Karte zu Berlin und Umgebung und eine zu Potsdam/Havelland an.

Der RV Verlag (RegioCart) vertreibt vier Blätter Rad- und Wanderkarten im Maßstab 1 : 50 000: Havelland, Teltow, Berliner Urstromtal (Dahmeland), Märkische Schweiz/südlicher Barnim.

Diese und weitere Karten sind erhältlich im Buchhandel oder beim ADFC, der neben dem Informations- und Buchladen mit Karten auch eine Selbsthilfewerkstatt für Mitglieder betreibt.

Allgemeiner Deutscher Fahrrad-Club ADFC Landesverband Berlin, Brunnenstraße 28, 10119 Berlin, Tel. 030/448 47 24, Internet: www.adfc-berlin.de

ADFC Landesverband Brandenburg, Charlottenstraße 31, 14467 Potsdam, Tel. 03 31/280 05 95, Internet: www.adfc.de

Wanderkarten. Die meisten Ausflugsgebiete verfügen über ausgewiesene und markierte Wanderwege. Trotzdem empfiehlt es sich, eine Karte mitzunehmen. Die meisten der oben angegebenen Kartenwerke mit einem Maßstab von 1 : 50 000 oder größer sind auch zum Wandern gut benutzbar. Serien wie die Kompasskarten aus dem Mair Verlag oder die oben erwähnte RegioCart (beide 1 : 50 000) geben gute Orientierung; für den Querfeldeinwanderer sind topographische Karten mit größerem Maßstab allerdings noch besser geeignet.

Nach Karten, die man im Buchhandel nicht findet, kann man sich bei speziellen Kartenhandlungen erkundigen, beispielsweise bei:

Geographische Buchhandlung Atlantis, Karl-Marx-Allee 98, 10243 Berlin,
Tel. 030/294 79 00

Landkarten-Reiseführer Schropp, Potsdamer Straße 129, 10783 Berlin,
Tel. 030/23 55 73 20

Unterwegs mit den Öffentlichen

Der Öffentliche Personennahverkehr (ÖPNV) ist in Berlin und Brandenburg im Verkehrsverbund Berlin-Brandenburg (VBB) zusammengeschlossen. Neben den kommunalen Verkehrsunternehmen und einigen Privatunternehmen gehört auch die Deutsche Bahn dazu, auf deren Strecken Regionalexpresszüge (RE) und Regionalbahnen (RB) die weiteren Distanzen überwinden. Die Orte liegen in Tarifzonen, genannt Waben, die nummeriert sind. Es gibt eine eigene kleine Broschüre, in der alle Ortschaften im VBB eingetragen sind. Die Wabennummern braucht man gegebenenfalls an den Fahrscheinautomaten.

Viele (vor allem Bus-) Linien fahren aufgrund der geringen Besiedlungsdichte Brandenburgs selten, es empfiehlt sich, bei der Planung der Route einen Fahrplan zu erstellen. Dies vor allem für die Rückfahrt, damit am Abend eines langen Tages müde Ausflügler aus einsamen brandenburgischen Wäldern auch heimfinden. Fahrpläne, Linienführungen und Tarife zu erfragen beim:

VBB-Infocenter Am Hardenbergplatz 2, 10623 Berlin, Tel. 030/25 41 41-41,
Fax: 030/25 41 41-45, E-Mail: info@vbbonline.de, Internet: www.vbbonline.de,
Mo–Fr 8–20 Uhr, Sa, So 9–18 Uhr

Auch über die Mitnahmemöglichkeiten von Fahrrädern kann man sich informieren, unter der:

DB-Radfahrer-Hotline, Tel. 018 05/15 14 15

Die Radrouten in diesem Buch sind so gewählt, dass am Anfang und Ende Bahnhöfe mit Verkehr von und nach Berlin liegen.

Unterwegs mit dem Schiff

Bei den Fahrgasthäfen haben wir mögliche Fahrziele angegeben. Zu den Fahrplänen erkundige man sich bei den Reedereien.

Stern und Kreis Schifffahrt, Tel. 030/53 63 60-0, Fax: 030/53 63 60-99,
Internet: www.STERNundKREIS.de
Unter anderem: Müggelsee, Sieben Seen ab Wannsee, Tegel, Werder, Unterhavel, Potsdam, Brandenburg, Oranienburg, Löcknitz, Woltersdorf

Weiße Flotte Potsdam, Tel. 03 31/275 92-10, -20; -30 (Fahrplanansage),
Fax: 03 31/29 10 90, Internet: www.weisse-flotte-potsdam.de
Unter anderem: Havelland mit Caputh, Werder teils bis Brandenburg, Havel bis Spandau, Oberhavel

Reederei G. Bethk, Tel. 030/43 49 08-68, Fax: 030/43 49 08-66,
Internet: www.Reederei-Bethke.de
Immer ab Tegel: Oberhavelrundfahrt, Rund ums Havelland, Oranienburg, Friedrichsthal/Malz, Schiffshebewerk Niederfinow

Wilfried Herzog, Ketzin, Tel. 03 32 33/827 98, Fax: 03 32 33/830 85
Ab Ketzin: Havelland

Reederei Kutzker, Alt-Buchhorst, Tel./Fax: 033 62/62 51

Alt-Buchhorst, Friedrichshagen, Müggelsee, Rüdersdorf

Die meisten der kleinen Reedereien Berlins sind zusammengeschlossen im Reederverband der Berliner Personenschiffahrt. Der Reederverband gibt alljährlich einen Dampferfahrplan heraus.

Reederverband der Berliner Personenschiffahrt e. V., Tel./Fax: 030/342 24 31

Organisatorisches

In Brandenburg müssen viele Einrichtungen vom Saisonbetrieb leben. An vielen Orten kann man monatelang Leere erleben, wo an warmen Wochenenden kein Platz mehr frei ist. Falls Sie Wert auf bestimmte Restaurants legen, empfehlen wir die **Vorbestellung**. Das betrifft auch jeglichen Verleih: Wenn Sie vorbestellen, vermeiden Sie mögliche Wartezeiten und Enttäuschungen.

Die **Öffnungszeiten** der genannten Museen, Gedenkstätten oder Schlösser sind zum Teil von privater Initiative oder Fördermitteln abhängig und können sich schon deshalb rasch ändern. Ratsam ist daher gegebenenfalls eine Nachfrage unter den angegebenen Telefonnummern oder bei den in diesem Kapitel erwähnten zentralen Auskunftsstellen.

Hinsichtlich der aktuellen Werte der zwar unterschiedlichen, doch insgesamt eher guten **Wasserqualität** der Brandenburger Badeseen beachten Sie bitte die Tagespressse. Eine Internetseite der für Umwelt und Gesundheit zuständigen Landesministerien informiert während der Saison über die aktuelle Wasserqualität:

Internet: www.brandenburg.de/land/mlur/badestellen/index/htm

Ansonsten sind die Gesundheitsämter der Landkreise für die aktuelle »Beprobung« der Gewässer verantwortlich und auskunftsfähig. Falls Sie Wert auf bewachte Badestellen legen, können Sie bei der Hotline ReiseLand Brandenburg (Tel. 03 31/200 47 47) Orte und Zeiten, soweit bekannt, erfragen.

Sachregister

Im Text näher vorgestellte Ortschaften sind fett gedruckt. Ortsteile erscheinen unter ihrem Eigennamen. Gastronomische Betriebe sind gesondert auf den Seiten 215/216 aufgeführt, dabei ist jeweils der Eigenname vorangestellt. Boots- und Radverleihe finden sich unter diesen Stichworten im Sachregister. Heimatmuseen und nur am Ort erwähnte Sehenswürdigkeiten wie Kirchen sind über die entsprechenden Ortsnamen aufzufinden.